DAS RÖMISCHE REICH

DAS RÖMISCHE REICH

Hans Peter L'Orange

DAS RÖMISCHE REICH

Von Augustus bis zu Konstantin dem Großen

Belser Verlag

STUTTGART
ZÜRICH

Die Deutsche Bibliothek – CIP-Einheitsaufnahme

Das **Römische Reich** : von Augustus bis zu Konstantin
dem Großen / Hans Peter L'Orange. [Übers. aus dem Engl.:
Marion Zerbst. Übers. des Beitr. Ara Pacis Augustae
aus dem Ital.: Sabine Schneider]. – Sonderausg. –
Stuttgart ; Zürich : Belser, 1995
Einheitssacht.: Art forms and civic life in the late
Roman empire <dt.>
ISBN 3-7630-2314-3
NE: L'Orange, Hans Peter; EST

© 1985 by Editoriale Jaca Book, Milano
© 1995 für die deutsche Ausgabe by
Belser AG für Verlagsgeschäfte und Co. KG,
Stuttgart und Zürich
Alle Rechte vorbehalten
Übersetzung aus dem Englischen: Marion Zerbst
Übersetzung des Beitrags *Ara Pacis Augustae*
aus dem Italienischen: Sabine Schneider

Alleinvertrieb in der Schweiz
durch MEDEA, Fribourg

Gesamtherstellung: Druckerei Uhl, Radolfzell
Printed in Germany
ISBN 3-7630-2314-3

Inhalt

Einführung

Hans Peter L'Orange wurde am 2. März 1903 in Oslo geboren. Einige herausragende Ereignisse kennzeichnen sein Leben: seit 1942 Professor an der Universität Oslo, gründete er im Jahre 1959 das Norwegische Institut in Rom, das er auch leitete. 1984 starb er in Rom, der über alles geliebten Stadt, in der er einen so großen Teil seines Lebens verbracht hatte.

Sein wissenschaftliches Werk umfaßt Bücher und Essays in norwegischer, deutscher, englischer, französischer und italienischer Sprache.

Es ist nicht einfach, die wissenschaftliche Biographie Hans Peter L'Oranges zu umreißen: über einen Zeitraum von ungefähr fünfzig Jahren hinweg stellt seine Arbeit einen Bezugspunkt für die europäische Kultur dar, soweit sich diese mit der Interpretation der Kunst der Spätantike und des frühen Mittelalters beschäftigt.

Hans Peter L'Orange war ein äußerst zurückhaltender Mensch, der das Aufsehen um die kulturelle Revolution, die seine Untersuchungen fortwährend auslösten nicht liebte: doch kann ohne weiteres behauptet werden, daß als Folge seiner kritischen Beiträge Wissenschaftler grundlegende Einsichten erhielten und ihr kritisches Rüstzeug haben auswechseln müssen, um sich den Problemen der spätantiken und mittelalterlichen Welt weiterhin nähern zu können.

Hans Peter L'Orange verfügte über eine vorzügliche historische und archäologische Ausbildung. Vor allen Dingen konnte er sich jedoch auf einen unter Forschern seiner Generation seltene Vertrautheit mit den Monumenten stützen. Seine Arbeit ist von Ausgewogenheit zwischen stets genauen Beobachtungen und Schlußfolgerungen allgemeiner Natur geprägt. Niemals hat er sich von der Gelehrsamkeit, vom Hang zum Zitat mitreißen lassen: seine Prosa, klar und ausgesprochen suggestiv, ist darauf angelegt, einen Leitfaden auszubilden, der es erlaubt, ein stets auch historisch aufgeschlüsseltes Problem in seinem Kern aufzugreifen und zu lösen. Von Beginn seiner Tätigkeit an überraschte er Archäologen und Mediävisten mit dieser seiner Sicherheit, wie durch den Gebrauch von der Mehrheit der Forscher noch unbekannten Arbeitsmethoden.

L'Orange weist als Wissenschaftler manche Ähnlichkeit mit den gleichermaßen wissenschaftlich anerkannten Michail Rostovzev und Gerhard Rodenwaldt auf: jedoch fehlt ihm die Vorliebe des ersten für eine erklärende, vitalistisch beschreibende Darlegung als auch die Neigung zu einer – einzelnen Monumenten vielleicht weniger anhaftenden – Problembehandlung im Überblick, wie sie für den zweiten typisch ist. Grundzüge der Forschungen von Hans Peter L'Orange sind eine klare und bescheidene Vorgehensweise und eine Sachlichkeit, die andere nur unter äußerster Anstrengung erreichen.

Die kritische Ausgewogenheit Hans Peter L'Oranges kennzeichnet schon sein erstes größeres Werk: *Studien zur Geschichte des spätantiken Porträts* von 1933. Hier überraschen sowohl die Masse des bis dato fast gänzlich unveröffentlichten Materials, das zusammenzutragen dem Autor gelungen war, wie auch die Sicherheit der Periodisierung und die abschließende Synthese der Wesenszüge der formalen spätantiken Kultur.

Mit *Der spätantike Bildschmuck des Konstantinsbogens* aus dem Jahre 1939 geht L'Orange das zentrale Thema der konstantinischen Darstellungen des Konstantinsbogens an. Diese bringen in der Tat in der Übernahme des Hierarchieprinzips bei der figürlichen Darstellung (größer oder kleiner je nach Bedeutung der Personen, die sie darstellen) das Kernproblem des Übergangs von der formalen klassischen zur mittelalterlichen Kultur zum Ausdruck: darüber hinaus gliedern sich die Figuren zu Szenen, die keine naturalistische Anordnung erkennen lassen, sie neigen dazu, sich gegenüber dem Betrachter fast wie auf einer Bühne zu verteilen: schwer beladen mit Attributen und Symbolen allegorischer Bedeutung. Zum ersten Mal geben die konstantinischen Reliefs, die mit ihrem gesamten ikonographischen und formalen Beiwerk erfaßt werden, das Modell für eine neue Darstellungsmethode ab.

Mit *Apotheosis in ancient portraiture* aus dem Jahre 1947 legt Hans Peter L'Orange anhand der Analyse eines einzelnen ikonographischen Themas eine neue Periodisierung der formalen Kultur der antiken Welt vor, anhand einer Dokumentation, die noch denkwürdig bleibt, unterzieht er selbst den Begriff des Hellenismus einer Überprüfung.

Die *Studies on the Iconography of cosmic Kingship in the ancient World* aus dem Jahre 1953 rollen anhand einer außerordentlich reichen und suggestiven Dokumentation die Gesetze mittelalterlicher Darstellungsmethoden wieder auf.

1958 veröffentlicht der Autor ein Buch, das den antiken Mosaiken und ihrer formalen Dynamik vom Hellenismus bis zum Mittelalter gewidmet ist (1960 wurde dieses

Buch ins Deutsche und 1966 ins Englische übersetzt). Noch im selben Jahr wendet er sich dem Thema einer Definition der formalen Kultur und des zivilen Lebens in der spätantiken Welt zu: dieser Text, der 1965 in englischer Sprache erscheint, liegt hier dem deutschen Leser vor.

Die Definition der hochmittelalterlichen formalen Kultur mit allen ihren Themen-bereichen ist der Abhandlung über *Il tempietto longobardo di Cividale,* I–II von 1977 (in Zusammenarbeit mit H. Torp) überantwortet.

Hans Peter L'Oranges Arbeit hat niemals Unterbrechungen gekannt. In einer Reihe von Monographien, von denen einige in einem aus Anlaß seines 70. Geburtstags her-ausgegebenen Sammelband (*Likeness and Icon,* 1973) zusammengetragen wurden, hat er denkwürdige Probleme aufgezeigt. Es soll hier genügen, auf die Wiedererkennung einer der Dezennalienbasen der Tetrarchen auf dem Forum Romanum (1938), auf die Abhandlung über den Symbolismus in der Domus Aurea (1942), auf die Identifizie-rung des Bildnisses des Pausanias von Sparta (1949), die Identifizierung der Bildnisse des Plotin (1951 und ff.), die Identifizierung der Villa von Piazza Armerina sowie der Maximiniansvilla (um 1952) und die Identifizierung einer Stilrichtung in der römi-schen Skulptur um 400 n. Chr. (1961) hinzuweisen.

Von diesen Essays ist im vorliegenden Buch derjenige über die Ara Pacis Augustae – Die florale Zone (aus dem Jahre 1962) wiedergegeben, der aufgrund seiner sprach-lichen Prägnanz, seiner Scharfsichtigkeit in den formalen Beobachtungen und seiner Fähigkeit, antike Quellen adäquat zu interpretieren, bei seiner Veröffentlichung ein wissenschaftliches Ereignis war.

Die Auswahl der Illustrationen soll anhand einer (besonders im Hinblick auf die Malerei und das Mosaik) umfangreicheren Dokumentation, als sie noch zu seiner Zeit vorlag, die Argumentation des Autors ausweiten: ein weiteres Zeugnis für die Gültig-keit der kritischen Argumentation einer der größten Persönlichkeiten in der europäi-schen Kulturgeschichtsschreibung.

Antonio Guiliano

RÖMER I/010

- – – – Grenze zwischen dem Imperium des Westens und dem des Ostens im Jahr 395
- · – · – Grenzen der diokletianischen Diözesen
- – – – Grenzen der diokletianischen Provinzen
- △ Residenzen der prätorischen Präfekten
- ● Hauptorte der Diözesen
- ⚮ Patriarchate
- ✝ Kirchliche Metropolen (Erzdiözesen) – Diokletianische Diözesen:

I Aegyptus, II Oriens, III Pontus, IV Asiana, V Thracia (Präfektur des Ostens), VI Macedonia,
VII Dacia (Präfektur von Illyricum), VIII Illyricum und nach 395 Pannoniae (Präfektur von Illyri-
cum), IX Italia annonaria, X Italia suburbicaria, XI Africa (Präfektur von Italia), XII Britanniae,
XIII Galliae, XIV „Sieben Provinzen", XV Hispaniae (Präfektur von Gallia)

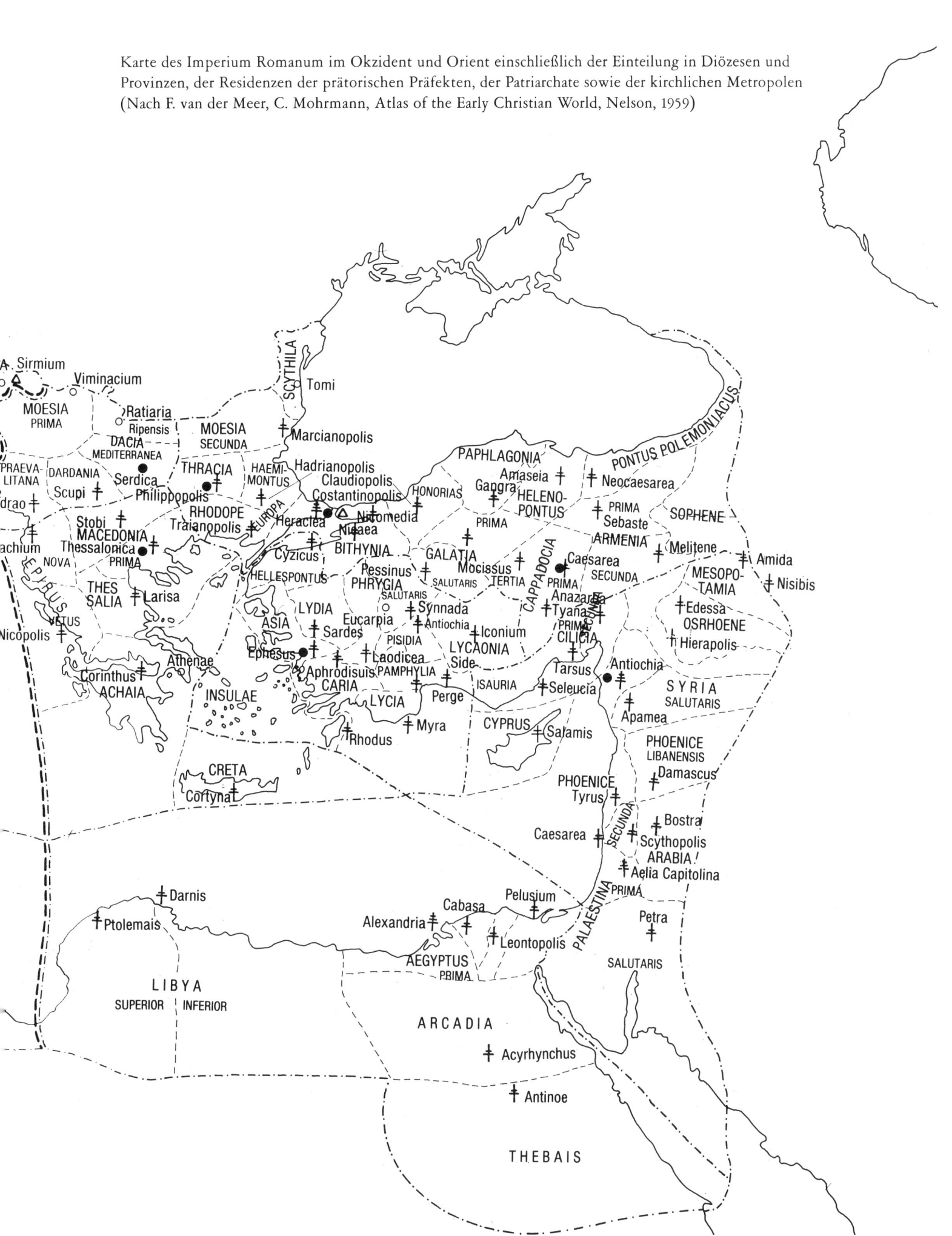

Karte des Imperium Romanum im Okzident und Orient einschließlich der Einteilung in Diözesen und Provinzen, der Residenzen der prätorischen Präfekten, der Patriarchate sowie der kirchlichen Metropolen (Nach F. van der Meer, C. Mohrmann, Atlas of the Early Christian World, Nelson, 1959)

Im Rahmen meiner Beschäftigung mit der Spätantike fiel mir schon sehr früh auf, daß die Organisationsweise des spätantiken Staates und die vorherrschenden Kompositionsformen in der figürlichen Kunst und der Architektur jener Zeit eine ausgeprägte Ähnlichkeit miteinander aufweisen. Während der rund dreißig Jahre, in denen ich mich mit der Spätantike beschäftigte, habe ich in meinen Schriften wiederholt darauf hingewiesen, daß die Auflösung der traditionellen Gesellschaft des früheren Kaiserreichs, des Prinzipats, und die darauffolgende Begründung einer neuen Ordnung im spätantiken Imperium, im Dominat, im Bereich der Kunst um 300 n. Chr. von einer entsprechenden Auflösung der klassischen Tradition und der Entstehung einer neuen Ausdrucksform begleitet waren. Dasselbe „System" fand sowohl in der praktischen Organisation als auch in der Kunst in den gleichen Strukturmustern Ausdruck.

Im Jahre 1952 erhielt ich von der Universität Oslo das Hoff-Farmand-Stipendium, das es mir ermöglichte, dieses Problem auf breiterer Basis zu untersuchen und die oben kurz umrissene vergleichende Strukturanalyse durchzuführen. Durch verschiedene Umstände ergaben sich Unterbrechungen und Verzögerungen, so daß ich meine Forschungsarbeit erst 1958 abschließen konnte. Das Buch wurde im Jahr 1958 mit Unterstützung des Svenska Humanistika Förbundet in norwegischer Sprache veröffentlicht.

Ich möchte der Universität Oslo meinen Dank für das Hoff-Farmand-Stipendium aussprechen; außerdem bin ich dem Svenska Humanistika Förbundet sowie der Princeton University Press zu Dank verpflichtet, welche die englische Ausgabe meines Werkes veröffentlicht hat. Schließlich danke ich Professor Erik Sjöqvist und Professor Irving Lavin für ihr Interesse an meinem Buch.

Hans Peter L'Orange

Strukturelle Veränderungen
in der Spätantike

Kapitel 1

Das bürgerliche Leben und der Staat

In der Spätantike wurde das tägliche Leben des Durchschnittsmenschen im gesamten politischen, wirtschaftlichen und gesellschaftlichen Bereich umgestaltet. Die freien und natürlichen Lebensformen des frühen Imperiums – die Vielfalt und der Variationsreichtum eines Lebens unter einer dezentralisierten Verwaltung – wurden durch Homogenität und Gleichförmigkeit unter einer allgegenwärtigen und in zunehmendem Maße zentralisierten Hierarchie von Staatsbeamten ersetzt. Die früheste Zeit des Prinzipats war von einer unendlichen Vielfalt an Lebensformen auf lokaler Ebene gekennzeichnet gewesen, von dem nachdrücklichen natürlichen Wachstum der Städte, Provinzen und Landbezirke des riesigen Imperiums, von der eigenständigen Entwicklung und natürlichen Abrundung bürgerlichen Lebens in einzelnen Stadtgemeinden *(municipia)*, von denen jede eine eigene städtische Regierung und Verwaltung hatte. In der Spätantike wurden diese Formen des freien Wachstums nivelliert und geordnet; die Gemeindeorganisationen wurden dem kompakten allmächtigen Staat einverleibt.

Diese Gleichstellung, Vereinheitlichung und Zentralisation hatte schon unter Trajan begonnen. Hinsichtlich der Gerichtsbarkeit standen nun die Provinzen auf einer Ebene mit Italien, das allmählich seine Vorrangstellung verlor. Die Entwicklung ging in die Richtung einer völligen Gleichstellung sämtlicher römischen Provinzen. Die Kaiserreichsidee siegte über den alten Stadtstaat Rom und den alten Nationalstaat Italien. Schon unter Hadrian war das römische Heer aus allen Provinzen des Reiches rekrutiert worden; und gleichzeitig mit dieser Provinzialisierung des Heeres wurden die Grenzbezirke romanisiert – wiederum ein Schritt zur Einheitlichkeit hin. Die *Constitutio Antoniniana* Caracallas aus dem Jahre 212 n. Chr., die allen freien Untertanen des Imperiums das römische Bürgerrecht verlieh, war eine Bestätigung dieser Situation.

Im Bereich der praktischen Organisation trat diese voranschreitende Gleichstellung der Mächte, diese Nivellierung und massive Festigung aller Elemente vor allem in den Beziehungen zwischen dem Staat und den Stadtbehörden zutage. Die großen Kriege Trajans waren eine wirtschaftliche Belastung gewesen und hatten die Finanzen der Städte zerrüttet, daher setzte die zentrale Verwaltung in vielen Stadtbehörden kaiserliche Kommissare ein, die wieder Ordnung schaffen sollten. Außerdem ernannten die Stadträte Zehnerräte – *decemprimi* im Westen, δεκάπρωτοι im Osten –, damit die Zentralgewalt mit Hilfe solcher Ausschüsse rascher in die inneren Angelegenheiten der Stadtbehörde eingreifen konnten.[1] Es war charakteristisch für die gesamte folgende Entwicklung, daß öffentliche Ämter in den Stadtbehörden – beispielsweise die Stadträte und die Zehnerräte – mit staatlichen Verantwortungsbereichen belastet wurden. Dadurch nahmen sie die Form einer Staatsdienstpflicht an (von den Römern als *munus*, von den Griechen als λεῖτουργία bezeichnet). Dieser Wandel im Charakter des städtischen Amtes traf besonders den organischen Ausdruck der besonderen Lebensweise der klassischen Antike – nämlich die städtische Regierung.[2] Zu Beginn des 3. Jahrhunderts n. Chr. setzten große Juristen, etwa Papinianus, Callistratus und Ulpianus, die Theorie der städtischen *munera* in die Praxis um und gaben diesem System seine gesetzliche Grundlage.[3]

Städtische Beamte und wohlhabende Ratsmitglieder wurden nun in bisher nicht gekannter Weise persönlich für die Staatseinkünfte verantwortlich. Vor allem hafteten sie mit ihrem eigenen Vermögen für die Eintreibung der Steuern, die in ihrer Stadt erhoben wurden. Schließlich mußten alle ihren Fähigkeiten gemäße städtische *munera* finanzieller, geistiger, körperlicher Art übernehmen (mit Ausnahme jener, die befreit waren, um sich anderen staatlichen Pflichten, beispielsweise dem Militärdienst, widmen zu können). Sowohl das Vermögen als auch jene, die es besaßen, waren an spezifische lokale *munera* gebunden und wurden dadurch unbeweglich.[4]

Dadurch, daß die freien Gilden *(collegia)* eine für den Staat überaus wichtige Aufgabe erfüllten, mußten auch sie Eingriffe der zentralen Behörden hinnehmen. Sie wurden jetzt zu Korporationen *(corpora)* zusammengefaßt und dazu verpflichtet, dem Staat ganz bestimmte Dienste zu leisten. So wurde beispielsweise von den Reedern *(navicularii)* und den Getreidehändlern verlangt, daß sie Rom mit Vorräten versorgten, und die im Baugewerbe Tätigen mußten gleichzeitig die Pflichten der Feuerwehr übernehmen. So trat an die Stelle der Freiheit der Arbeit die Verpflichtung, für den Staat zu arbeiten, und durch die Umwandlung der freien Gewerbe zu erblichen *munera* wurden die Menschen an ihre Berufe und an ihre Wohnorte gebunden. Eine ähnliche *Immobilisierung* fand auch im gesellschaftlichen und wirtschaftlichen Leben der Landbevölkerung statt. Auf den großen Besitzungen *(latifundia)* und den riesigen kaiserlichen Domänen entstand eine neue Klasse kleiner Pachtbauern *(coloni)*, die unter den Grundbesitzern *(possessores)* oder den Vasallen zu Pächtern wurden.[5]

Das Endergebnis dieser Entwicklung war eine unveränderliche, verfestigte Ordnung. Alle Klassen – oder zumindest alle mit Ausnahme der privilegierten Klasse – waren an ihre Berufe gebunden, „der Bauer an sein Land und seine erzwungene Arbeit, der vom Staat angestellte Arbeiter an seine Werkstatt, der Händler – einschließlich des *navicularius* – an sein Geschäft oder seine Korporation, Leute mit geringem Besitz an ihre mit den *munera* verbundenen Pflichten, Leute mit großem Besitz an die Kurie, der Soldat an seinen Militärdienst usw."[6] Der einzelne führte kein unabhängiges Leben mehr; sein Leben war eingebunden in das des Staates. Man sah ihn nicht mehr in seiner natürlichen Umgebung als Teil der organischen Gruppierungen des Lebens, nicht mehr in lebendiger Harmonie mit seiner Umwelt, sondern als fest eingefügten, unbeweglichen Teil im Rahmen des Staates. Für die Gemeinden galt das gleiche wie für die Einzelpersonen.

Die Stadtbehörden existierten nicht mehr eigenständig, sondern lediglich innerhalb des Staates; wir sehen sie nicht mehr in kräftigem, selbständigem Wachstum, sondern fest in die große, symmetrische Ordnung des Staates eingefügt. Im Gegensatz zur organischen Ausdehnung, die auf individuellem Leben basiert und sozusagen einer elementarem Wachstumslinie gemäß von unten nach oben erfolgt, ging die Richtung nun von oben nach unten: Eine höhere Ordnung steigt herab und wird den Grundelementen eingeprägt – „der gesamten sozialen und wirtschaftlichen Ordnung wird von oben eine Orientierung auferlegt."[7] Das charakteristische Merkmal dieser höheren Ordnung ist die gleichförmige Vereinfachung, die Koordination gleicher Elemente und die kristallartige Verfestigung des Ganzen. Überall verschwinden die feineren sozialen Differenzierungen, und die scharfen Kanten und breiten Flächen der blockartigen Masse des Staates brechen sich Bahn. Die vielfältigen Ausdrucksformen, durch die das Leben unter dem Prinzipat sich ausgezeichnet hatte, waren nun für immer verlorengegangen. Die Individuen wie die natürlichen bürgerlichen Organismen, zu denen sie gruppiert waren, schienen immer mehr in den massiven und einheitlichen Formationen zu verschwinden, in denen die Zentralverwaltung die stützenden Mauern der Staatsstruktur des Dominats sah.

Die wachsende Normierung und Vereinheitlichung des Lebens und die blockartige Verschmelzung der bürgerlichen Organismen zeigten sich in charakteristischer Weise an der zunehmenden Militarisierung der Gesellschaft – ja, an der gesamten Lebensweise. Auf die Vereinfachung der Regierung nach militärischem Muster, die die Soldatenkaiser durchgeführt hatten, folgten eine generelle Militarisierung des Staatsdienstes und eine Angleichung des Privatrechts an das Kriegsrecht *(castrensis jurisdictio)*.[8]

Die gesamte Staatsverwaltung wurde in zunehmendem Maße militärischen Kategorien gemäß organisiert und verstanden. Der Staatsdienst wurde als Militärdienst betrachtet. Jeder Beamte, vom höchsten bis zum niedrigsten, galt als Offizier oder Soldat. In allen *officia* (öffentlichen Ämtern) befinden sich laut Lactantius *milites* (Soldaten), und ihr Dienst ist eine *militia* (Kriegsdienst).[9] Die Löhne für Staatsbeamte sind *stipendia* (Sold). Untergeordnete Beamte sind *cohortales*, d. h. Angehörige einer *cohors* (einer militärischen Abteilung). Da der Staatsdienst allgemein als *militia* bezeichnet wurde, mußte man eine neue Benennung – *militia armata* – finden, um den Militärdienst von ihm zu unterscheiden.[10]

Ein solches militärisches Verständnis des Beamtentums zeigt, daß der Staat von seiner Verwaltung die gleiche Disziplin und den gleichen Gehorsam verlangte wie von der Armee. Vor der höchsten Autorität, dem *dominus*, wird jede Form des Protestes zum Schweigen gebracht. Seine Anordnung ist ein Befehl, dem man blind zu gehorchen hat. Die Menschen ordnen sich diesem Befehl ausnahmslos und *en bloc* unter. Dieser bedingungslose Massengehorsam legt die Assoziationen zum Soldaten, zur militärischen Einheit und damit zur gesamten militaristischen Terminologie nahe. Selbst der christliche Gehorsam jener Zeit drückt sich charakteristischerweise in dieser Weise aus: Die Diener Gottes sind *milites Christi*, Soldaten Christi.

Diese militärische Lebensweise, die auch in der kaiserlichen Kunst und Architektur der Zeit sichtbar wird, steht in genauester Übereinstimmung mit der besonderen Struktur des Dominats. Der militärische Aspekt des Menschen: Das ist genau jener Gesichtspunkt, der ihn in Reihe und Glied einbindet, ihn als Person verschwinden und in einer Nummer innerhalb einer Einheit untertauchen läßt – in einem kompakten Block, in einer Summe gleichartiger Elemente. Die Militarisierung ist mithin – im krassen Gegensatz zum früheren Kaiserreich – das Grundcharakteristikum der Formenstruktur des Dominats. Der Gegensatz zwischen der militärischen und der bürgerlichen Ordnung entspricht genau dem Kontrast zwischen mechanischer Koordination und organischer Gruppierung, zwischen den natürlichen Formierungen des freien Lebens und einer massiven Aufstellung in Reihe und Glied, zwischen individuellen, natürlichen Bewegungen und Bewegungen *en bloc*. Sowohl im Leben des Gemeinwesens als auch in der Kunst kamen die großen Blockformationen und Massenbewegungen jetzt mit zunehmender Deutlichkeit hinter dem immer dünner werdenden Schleier traditioneller antiker Formen zum Vorschein.

Anmerkungen

[1] E. Kornemann, *Weltgeschichte des Mittelmeerraumes*, II, München, 1949, S. 117.

[2] F. Oertel, CAH, XII, S. 259.

[3] In der *Vita* des Antoninus Pius ist zu lesen, daß der Kaiser einigen Leuten, die nicht arbeiteten, ihren Lohn vorenthielt, und zwar mit der Begründung, es gebe nichts Niedrigeres und Herzloseres, als vom Staat zu leben, ohne irgend etwas dafür zu geben (*dicens nihil esse sordidius, immo crudelius, quam si rem publicam is adroderet qui nihil in eam suo labore conferret*). *Script. hist. aug., vita Pii, 7.* Hier wird zum ersten Mal in der Weltgeschichte die behördlich überwachte Arbeitspflicht aller Bürger proklamiert (Kornemann, *op. cit.,* S. 158). Das ist ein Schritt in Richtung Staatssozialismus und steht in krassem Gegensatz zu dem Individualismus der Wirtschaftstheorie früherer Zeiten. „Die Ersetzung eines Wirtschaftssystems durch das andere und der alten Zivilisation und Lebenshaltung durch eine neue dauerte über anderthalb Jahrhunderte. Sie war erst Ende des dritten Jahrhunderts abgeschlossen, doch ihre Anfänge reichen bis in die ersten Jahre des zweiten Jahrhunderts zurück" (Oertel, *op. cit.,* S. 256).

[4] Kornemann, *op. cit.,* S. 158.

[5] *Ibid.,* S. 159.

[6] Oertel, *op. cit.,* S. 268.

[7] *Ibid.,* S. 254 ff.

[8] S. L. Miller, *CAH*, XII, S. 28 ff.

[9] *De mort. pers.,* 31.

[10] W. Seston, *Dioclétien et la Tétrarchie*, Paris, 1946, S. 347 f. (im folgenden als „Seston" zitiert); A. Alföldi, „Insignen und Tracht der römischen Kaiser", *Mitteilungen des Deutschen Archäolog. Instituts, Röm. Abt.,* 50, 1935, S. 64 f.; Kornemann, *op. cit.,* S. 257 f.

Kapitel 2

Formen der Architektur

Der gleiche tiefgreifende Gegensatz zwischen Prinzipat und Dominat, den wir im gesellschaftlichen Bereich festgestellt haben, tritt auch im Bereich der Kunst zutage. In diesem Kapitel werden wir unsere vergleichenden Betrachtungen auf die Architektur beschränken. Der Formwandel, der hier stattfindet, läßt sich kurz folgendermaßen beschreiben:

Während sich im Laufe der römischen Kaiserzeit die klassischen Ordnungen auflösen, verlieren die Bauwerke ihre organische Körperlichkeit, die klare Gliederung ihrer Teile und deren funktionale Beziehungen zueinander; sie werden allmählich aufgelöst und in ein Gefüge schlichter, einfacher Mauern verwandelt. Auch hier sehen wir wieder den charakteristischen Übergang von der organischen Gliederung einer differenzierten Struktur zu abstrakter Vereinfachung in großen Flächen und Linien. Um diesen Wandel klar darlegen zu können, müssen wir zunächst einmal die klassische Auffassung der Architektur charakterisieren.

Wenn der klassische Grieche etwas gestaltete, so verlangte er von der entstehenden Form, sie müsse die spezielle Funktion des betreffenden Gegenstandes möglichst klar zum Ausdruck bringen. Eine Vase zum Beispiel ist ein Behälter, der die besondere Fähigkeit besitzt, eine Flüssigkeit zu umschließen und deren Masse im Gleichgewicht zu halten. Diese Funktion drückt sich in der Form einer griechischen Vase körperhaft aus und spiegelt sich in ihrer Dekoration wider. Bei keiner Säule, bei keinem Kapitell sind deren Funktionen (die der Stütze beziehungsweise die des Auffangens und Umwandelns von Druck zwischen Architrav und Säule) mit so objektiver Klarheit gekennzeichnet wie in der griechischen Architektur. Man könnte sagen, daß die plastische Form tief aus dem Inneren des Gegenstandes selbst hervorgebracht wird. Die Form ist organisch, dem Gegenstand innewohnend.

Der klassische Künstler trägt die Form also nicht von außen oder von oben an einen Gegenstand heran, sondern läßt sie aus dem Inneren des Gegenstandes selbst entstehen. Es ist mithin ein charakteristisches Merkmal der klassischen Kunst, daß sie sich von der Idee einer natürlichen, dem Gegenstand innewohnenden Schönheit leiten läßt; einer Vollkommenheit, die selbst das kleinste Detail durchdringt und die der Künstler, Architekt oder Handwerker selbst hervorbringen, ja sogar numerisch abmessen und festlegen kann. Plutarch spricht von der Genauigkeit des Schönen: κάλλουσ ἀκρίβεια.[1] Das klassische architektonische Ornament veranschaulicht diese Auffassung.

So ist die Erstellung idealer Proportionssysteme ein typischer Ausdruck der klassischen Kunst und Architektur. Aus einem gegebenen Maß im Bauplan – beispielsweise der Entfernung von Säule zu Säule – läßt sich eine ganze Anzahl anderer Maße bestimmen: die Proportionen des Gebälks und damit des Daches – ja, sogar die Proportionen solcher Teile des Bauwerkes, die man nicht mit den Säulen zusammen sieht und die auch nicht direkt von ihnen abhängig sind. Wie der individuelle Typus eines Lebewesens die Form aller seiner Einzelteile bestimmt, so ist auch das ganze Strukturprinzip des klassischen Bauwerks in jedem seiner einzelnen Bestandteile enthalten. In jeder der drei klassischen Ordnungen – der Dorischen, der Ionischen und der Korinthischen – wächst und entfaltet sich das Bauwerk in Übereinstimmung mit einem organischen Gesetz, das dem der lebendigen Natur entspricht.

Gerade weil das klassische Bauwerk ein so organisches und eigenständiges, unabhängiges Ganzes ist, widersetzt es sich der Unterwerfung unter übergreifendere architektonische Kompositionen. Die klassischen Tempel an heiligen Stätten stehen häufig mit eigentümlicher Widerspenstigkeit nebeneinander – jeder hat eine eigene Ausrichtung, die durch seinen Gott oder Kult und durch heilige Zeichen und Omen am Tempelstandort bestimmt wird (Abb. 1). Jedes Bauwerk widersetzt sich einer höheren Ordnung der Axialität, der Symmetrie oder der einheitlichen Richtung.

Dieses organische, autonome Leben, diese hervorragende Entwicklung eines jeden Gebäudeteils und -ornaments von innen heraus ging während der folgenden hellenistisch-römischen Entwicklung verloren. Das Einzelbauwerk wurde nun stets einem beherrschenden, allumfassenden architektonischen Plan untergeordnet, in dem jede Struktur auf die Achse des Ganzen abgestimmt ist und damit zum abhängigen Teil eines größeren Komplexes wird.[1] Die Axialität der Anordnung der römischen Kaiserfora (Abb. 2) beispielsweise zwingt den Besucher in die Mittelachse des Platzes, wo er sich der hoch emporragenden Tempelfassade gegenübersieht.[2] Das Endziel dieser gesamten Entwicklung wurde erst in der Spätantike erreicht. Wir werden bald sehen, wie das Dominat alle einzelnen Gebäudeorganismen so vereinheitlichte und symmetrisch gestaltete, daß sie mit den großen und strengen Achsen der gesamten architektonischen Komposition übereinstimmten und ihnen untergeordnet waren.

Die Sensibilität der Antike für das Eigenleben des architektonischen Details, für seine plastische Schönheit und Ausdruckskraft schwindet. Der traditionelle Dekor, die Friese und architektonischen Ornamente gehen mehr oder weniger vollständig in der massiven Mauer auf. Der Blick haftet nicht mehr an den einzelnen Gebäudeteilen. Deshalb wird die Fülle antiker *spolia* – von früheren Monumenten abgenommene Gebäudeteile – in die Architektur der Spätantike aufgenommen; sie können dort für grundlegend andere architektonische Zwecke wieder verwendet werden, wobei ihre ursprüngliche tektonische Funktion kein Hindernis darstellt. So werden von rund 300 n. Chr. an bis ins Mittelalter hinein Bauelemente nebeneinandergesetzt, die man völlig ungleichartigen Monumenten entnommen hat, die den verschiedensten Ornamentierungsrichtungen zugehören und vormals äußerst unterschiedliche Funktionen hatten. Es kommt sogar vor, daß Säulenfüße als Kapitelle verwendet werden. Und es muß betont werden, daß das nicht etwa in einer Zeit des Niedergangs technischer Fähigkeiten geschah, sondern in einer der glorreichsten Epochen in der Geschichte der antiken Architektur. Man hat die reichliche Verwendung von *spolia* aus gutem Grund mit der gleichzeitig herrschenden Tendenz zur Benutzung vorgefertigter Bauelemente verglichen: Vor allem Kapitelle werden serienmäßig hergestellt, ohne ursprünglich für irgendein spezielles Bauwerk bestimmt zu sein. Diese vorgefertigten Teile müssen – wie die *spolia* – häufig erst zugeschnitten oder zurechtgehauen werden, ehe man sie in architektonischen Verband legen kann. Der entscheidende Punkt ist, daß die Menschen dieser Zeit kein Gefühl mehr für die klar umgrenzte Form und Funktion des einzelnen Bauelements haben. Ihr Auge gleitet über die architektonischen Formen, folgt den großen Bewegungen der Massen, den grandios emporsteigenden Gewölben und endlosen Reihen eintönig gegliederter Mauern, ohne sich an willkürlich zurechtgeschnittenen Elementen oder einem Durcheinander unverarbeiteter *spolia* zu stören.

Es ist bekannt, daß während der Römerzeit – und zwar in besonders augenfälliger Weise in der westlichen Welt – ein neues Bausystem zur Anwendung kam. Anstelle der traditionellen Säulen-Architrav-Architektur trat die neue Archivolten- oder Arkadenarchitektur in Erscheinung. Ein charakteristisches Merkmal dieser Architektur ist bis zum Ende des 3. Jahrhunderts n. Chr. das Aufbrechen und Gliedern der Archivoltenfassade durch die Elemente der klassischen Ordnungen. So sind die Arkaden von einem Rahmen von Säulen-Architrav-Architektur umschlossen. Dies ist das bekannte System, für welches das römische Tabularium (78 v. Chr.) ein frühes Beispiel darstellt und das sich sowohl in der Monumentalarchitektur als auch in den Nutzbauten endlos wiederholt – beispielsweise finden wir es in der Ziegelfassade des Trajansmarktes in

23

Rom (Abb. 3). Bei Konstruktionen in *opus quadratum* werden die Elemente dieses Dekors im allgemeinen in die Mauer selbst eingefügt, und die Halbsäulen und Flachbalken heben sich nur im Flachrelief von der Maueroberfläche ab. Doch wird dieser architektonische Dekor – insbesondere im 2. und 3. Jahrhundert n. Chr. – von den Mauern gelöst, wobei einzelstehende Säulen ein wieder zur Mauer zurückgeführtes Gebälk stützen. So erscheint der Dekor als großartige Blende vor dem Gebäude, wie man es beispielsweise bei römischen Triumphbögen sehen kann (Abb. 4, 66). Am Ende des 3. Jahrhunderts kommt es zu einer starken Ablehnung dieses traditionellen Dekorationssystems. Besonders im Westen verliert sich die prächtige Säulendekoration, und die klassische Gliederung durch Säule und Architrav verschwindet nun mehr oder weniger aus dem Archivoltenbau.

Typisch für den neuen architektonischen Stil sind also große Maueroberflächen, die nur durch funktionale Mauerstützen unterbrochen werden. Durch häufige Wiederholung geben diese der Mauer eine feste, monotone Unterteilung, und zwar dadurch, daß große Bögen und flache Pilasterstreifen in regelmäßiger und gleichförmiger aufeinander folgen. Bei dem Senatsgebäude Diokletians auf dem Forum Romanum (Abb. 5) wird die große, von einem einfachen Giebel gekrönte Mauerfläche der Fassade nur von dem Portal und drei großen Fenstern durchbrochen; die hohen Mauern werden von starken Eckpfeilern gestützt. Bei der Basilika Konstantins in Trier (Abb. 6, 7) sind die Außenwände durch Blendarkaden verstärkt, die – ebenso regelmäßig wie die Archivolten eines Aquädukts und von traditioneller Dekoration unbehindert – an den schlichten Wänden entlanglaufen.[3]

Genau wie die Architektur sich hier von der traditionellen Säulen-Architrav-Dekoration freimacht, so gibt auch die damalige figürliche Kunst, wie wir noch sehen werden, die traditionellen Kompositionsmuster auf.

Anmerkungen

[1] Plutarch, *Perikles*, 13.

[1] H. Kähler, *Wandlungen der antiken Form*, München, 1949, S. 13 f.

[2] H. Kähler, *op. cit.*, S. 15 ff.

[3] A. Boëthius hat grundlegende Untersuchungen über diese spätantike Architektur angestellt, beispielsweise in *Roman and Greek Town Architecture* (Göteborgs Högskolas Arsskrift, 54, 1948: 3); *Stadsbebyggelsen i Roms Hamnstad Ostia* (Göteborgs Högskolas Årsskrift, 57, 1951: 2).

1. Delphi, Apollonheiligtum. Blick von oben

2. Rom, Augustusforum.
Teilansicht des Mars-Ultor-Tempels

3. Rom, Forum und Märkte Trajans

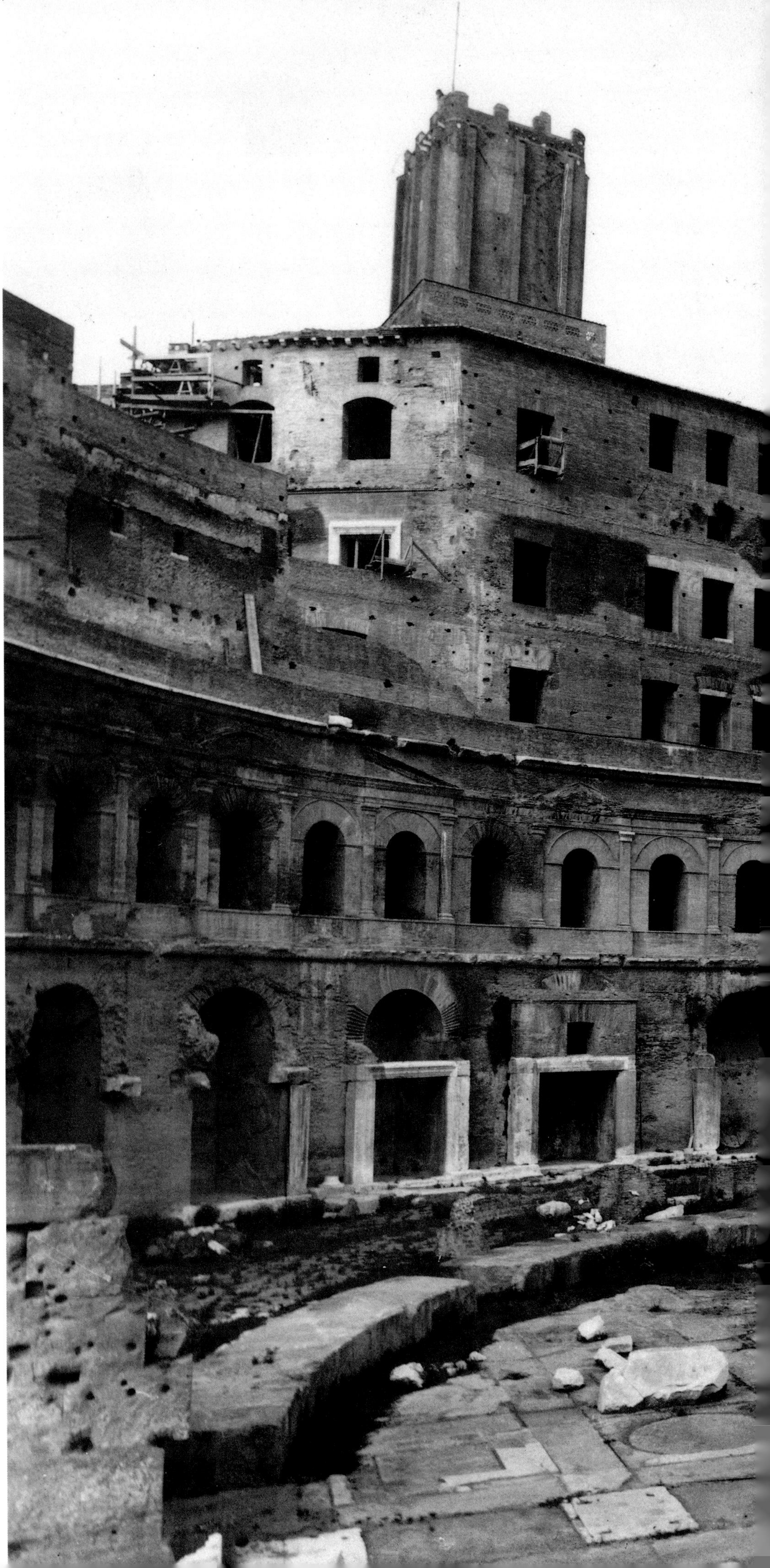

4. Rom, Konstantinsbogen

5. Rom, Kurie auf dem Forum Romanum.
Diokletianische Rekonstruktion

6. Trier, Konstantinsbasilika.
Detail der Apsidialzone

7. Trier, Konstantinsbasilika. Teilansicht einer Seitenwand
8. Rom, Santa Sabina. Innenansicht

Folgende Seiten:
9. Rom, Museo Nazionale Romano.
Gesimsdetail aus den Diokletiansthermen
10. Delphi, Athenaheiligtum. Gesimsdetail
11. Rom, Ara Pacis Augustae. Pflanzenfries
12. Rom, Santa Maria in Trastevere.
Relief aus der Zeit Papst Hadrians I. (772–795 n. Chr.)
unter Rückgriff auf den Pflanzenfries der Ara Pacis

13. Rom, Ara Pacis Augustae. Zug der kaiserlichen Familie

14. Ravenna, Sant'Apollinare nuovo. Zug der Heiligen und Märtyrer

Folgende Seite:
15. Ostia, Museum. Bildnis aus dem 5. Jahrhundert n. Chr.

Kapitel 3

Der geistige Hintergrund

In unseren Erläuterungen zur Architektur im vorhergehenden Kapitel erscheint der Formwandel in einem eher negativen Licht, nämlich als Auflösung der klassischen Baustruktur. Dieser Wandel hat jedoch auch eine positive Seite: ein neues Erleben des Raumes, ein neues Gefühl für den Innenraum. Er ist Ausdruck des neuen Zeitgeistes. Wenn wir diese positive Seite zu würdigen wissen, wird es uns möglich, dem eigentümlich abstrakten, gewissermaßen in die Ferne gerichteten Blick, dem wir in der Spätantike ständig begegnen, mehr Verständnis entgegenzubringen.

Es ist von entscheidender Bedeutung, daß die großen und einfachen Maueroberflächen des neuen architektonischen Stils als klar umrissene, raumumschließende Grenzen fungieren, und zwar auf ganz andere Weise als die bisherigen stark unterteilten Strukturformen. So machen sie auf neue Weise den zu einem einheitlichen Ganzen zusammengeschlossenen Innenraum sichtbar. Nun, da die plastische Dekoration in glatten Wänden verschwindet, umschließen einfache Flächen einen klaren und vereinheitlichten Innenraum. In diesen versenkt sich jetzt der Blick. Die Architektur wird introspektiv. Die Gebäudestruktur wird reduziert zu einer bloßen Hülle dessen, was sie umschloß. Sie ist jetzt nichts anderes mehr als die Einfassung des Raumes.[1] Wir wollen das an einem Beispiel veranschaulichen.

Eine wichtige Neuerung, die sich vermutlich erstmals in der Architektur des 3. und 4. Jahrhunderts einbürgert – man sieht sie beispielsweise in der christlichen Basilika – ist eine geschlossene Mauerfläche, die sich jetzt über der Säulenreihe erhebt (Abb. 8). Eine solche Bauweise steht im Widerspruch zu den Grundprinzipien der klassischen Architektur. Denn das klassische Prinzip besteht darin, das Kräftegleichgewicht in der Wechselwirkung zwischen der stützenden Säule und der schweren Last des Architravs anzuzeigen. Ein Aufbau über den Säulenreihen kann nach der klassischen Regel dieses

Zusammenspiel zwischen Säule und Gebälk nur in der Weise wiederholen, wie man sie beispielsweise bei den zweistöckigen Säulenreihen im Inneren des klassischen Tempels sieht. Nun, da an die Stelle des organisch-muskulösen Systems von Säulenreihen und Gebälk, die übereinander verlaufen, die massive Mauer tritt, verschwindet die klassisch gegliederte Baustruktur hinter einer lediglich raumumschließenden Mauer. Die Säulen treten in die Mauer zurück, die sie stützen, und sind der neuen, kristallenen Gesamtheit des Raumes untergeordnet. Alles steht jetzt im Dienst dieses Innenraumes. Vor allem das Licht ist raumbildendes Element und modelliert in seiner unterschiedlichen Intensität die verschiedenen Teile des Innenraumes. In der christlichen Basilika beispielsweise erscheint der obere Teil in strahlendem Glanz und bildet einen Kontrast zu dem Halbdunkel der unteren Zone, die in den Seitenschiffen noch düsterer wird.

Dieser Wandel der architektonischen Formen während der römischen Kaiserzeit zeigt im Grunde eine tiefgreifende geistige Wandlung des Menschen an, die bewirkte, daß er sich von der „körperlichen Schönheit" der klassischen Tradition ab und der das Mittelalter ankündigenden transzendenten Kontemplation zuwandte. Man verzichtet auf das gesamte körperliche Bauwerk – auf die Säulen, Friese und architektonischen Ornamente, auf den ganzen Dekor, den Vitruvius noch als die *dignitas* der Architektur betrachtete –, um sich in den unkörperlichen Raum zu versenken, den immateriellen, nicht greifbaren, mit Licht und Schatten gefüllten Innenraum. Man wendet sich von dem klaren, plastischen Umriß der Form ab und dem Bereich des Abstrakten zu: eine Wende, die die gesamte spätantike Lebenshaltung charakterisiert.

Auch die plastische Kunst ist von dieser neuen Haltung gekennzeichnet. Und so ist es bezeichnend, daß die Bildhauerei sich zu einer Technik hin entwickelt, die die plastische Form als solche aufhebt. Während in klassischen Zeiten die ganze Modellierung mit dem Meißel ausgeführt wurde, findet nun der laufende Bohrer eine entschieden weitere Anwendung. Der Meißel arbeitet die greifbare Form heraus, folgt flexibel allen Erhebungen und Höhlungen, allen Wellen der plastischen Oberfläche. Der Bohrer dagegen arbeitet illusionistisch; er folgt nicht der greifbaren Form, sondern hinterläßt lichterhellte Marmorstege zwischen scharfen, schattendunklen Bohrrillen. Bei dieser Technik verliert der Körper seine Stofflichkeit, er löst sich gewissermaßen auf. Auch im Architekturornament finden wir diesen tiefgreifenden Formwandel. Man muß nur z. B. ein Antenkapitell aus Didyma bei Milet und ein Gesimsstück von dem Palast Diokletians in Spalato parallel untersuchen[2] und das wunderbare, plastische, kräftige Eierstabmotiv des klassischen Kapitells mit dem körperlosen *clair-obscur* des gleichen Ornaments in dem spätantiken Gesims vergleichen.

Hierdurch wird die Form nicht nur in zunehmendem Maße unkörperlich; sie verliert

42

gleichzeitig allmählich ihren individuellen Charakter und wird immer standardisierter, erhält aber eine immer konkretere Bedeutung. Die Bewegung verläuft von der naturgetreuen Nachbildung hin zu abstrakten Grundformen, von der plastischen Gliederung zur begrifflichen Verallgemeinerung, vom Körperlichen zum Symbolischen. Der Gegenstand erhält stärkere Bedeutung und wird mehr und mehr zu einer Hülle, die diesen bedeutungsvollen Kern umschließt, wird mehr und mehr zu einem auf einen Gedanken verweisendes Zeichen – und ist so stets identisch, formelähnlich, schablonenhaft.

Betrachten wir als Beispiel ein so zentrales Ornamentmotiv wie das spiralenförmige Blattwerk der Spätantike und des frühen Mittelalters (Abb. 12). Es ist jetzt nichts natürlich Wachsendes mehr wie in der klassischen Tradition (Abb. 11): Die Ranke ist zu einem leblosen Band geworden, das sich nach oben hin zu abstrakten, einheitlichen Kreisen verschlingt; die ganze Pflanze hat sich in ein Ornament ohne Wachstum und Naturtreue verwandelt. Aber dieses Ornament umschließt einen neuen „Innenraum", einen neuen Inhalt, existiert außerhalb der natürlichen Ordnung: Das Laubwerk treibt Kreuze hervor oder wächst etwa aus einem Kelch heraus und wird so mit neuer Bedeutung erfüllt. „Ich bin der Weinstock, ihr seid die Reben" (Johannes 5;15). Indem die Rebe ihren individuellen „Objektcharakter" verliert, wird sie zu einem Symbol verdichtet. Genau das ist charakteristisch für den Wandel von der Antike zum Mittelalter: Die Gegenstände verlieren ihre natürliche Substanz, ihr körperliches Volumen, ihre konkrete, naturgetreue Realität, umschließen aber dafür einen neuen „Innenraum", einen Bedeutungskern; sie werden zu Symbolen, zu begrifflichen Ausdrücken. Es ist, als flöhen die natürlichen Gegenstände vor der lebendigen Wahrnehmung und als würden sie auf ihrer Flucht immer mehr zu summarischen und vereinfachten Figuren zusammengezogen, bis sie am Schluß nur noch als Bedeutungsfixpunkte in der Ferne sichtbar sind. Diese fernen Punkte, diese Vielzahl von Sternen am Himmel der Abstraktion betrachtet der in die Ferne gerichtete Blick der Spätantike.

Betrachten wir an dieser Stelle die Darstellung des Menschen im Mittelalter. Gesicht und Körper sind zu bedeutungstragenden Grundtypen vereinfacht; sie werden zu Trägern bestimmter Symbole und Zeichen, festgelegter Ausdrucksformeln, heiliger Attribute oder Standesinsignien – und all diese Symbole, Formeln und Zeichen gehören zu einer höheren, immerwährenden Ordnung, in die das vergängliche menschliche Wesen eingetreten ist. Wir wählen als Beispiel hierfür eine der bekannten Heiligenprozessionen, die sich an den Wänden des Mittelschiffs von Sant'Apollinare Nuovo in Ravenna (Abb. 14) befindet, und vergleichen sie mit der berühmten kaiserlichen Prozession auf der Ara Pacis aus der Zeit des Augustus (Abb. 13). Die Heiligen schweben vor einem einheitlichen, aus symbolischen Siegespalmen bestehenden Hintergrund geisterhaft und scheinbar körperlos an uns vorüber. Sie alle sind gleichförmige Elemente einer endlosen Reihe: Sie sind gleich hoch, haben die gleiche Gestalt und bewegen sich im gleichen Schritt. Sie tragen alle das gleiche ehrwürdige Pallium, an dem jeweils nur Details verändert sind, sowie Märtyrerkranz und Heiligenschein. Und sie gehören alle einem eigentümlich ernsten und feierlichen Typus mit weit geöffneten Augen an, der für den antiken Betrachter die Idee des göttlich gewordenen Menschen darstellte. So weicht die natürliche Individualität einer bedeutungstragenden Schablone, die das Wesen der Heiligen charakterisiert und ihren Platz in einer ewigen, hierarchischen Ordnung anzeigt. In gleicher Weise verschwinden, wie wir noch sehen werden die Porträts der Kaiser und werden durch solche entpersönlichten Bilder, in einem „heiligen Typus" (τύπος ιερός)[3], der für die kaiserliche Majestät selbst steht, ersetzt. Die Kaiser werden daher – ebenso wie die Heiligen – einander „gleich": Die Idee der *divina maiestas* selbst durchdringt und verwandelt die Gesichtszüge. Das Bildnis des Menschen wird nach Ausdrucksformeln gestaltet, die Andeutungscharakter haben und mit einer höheren geistigen Kraft in Verbindung stehen. Dies läßt sich mit den schablonenhaften Masken des antiken Theaters vergleichen, welche die vom Schauspieler dargestellte Rolle „veranschaulichen" und gleichzeitig seine persönlichen Gesichtszüge verbergen. Wir sehen die Menschen nicht als naturgetreu abgebildete Individuen, sondern in der Rolle, die sie auf der Bühne der Ewigkeit spielen. Dies erinnert an die spätantiken Priester der Eleusinischen Mysterien, die beim Antritt ihres Amtes ihre Namen aufgaben.

Die innere Bedeutung dringt durch das natürliche Äußere eines Gegenstandes hindurch und schafft neue Ausdrucksformeln und Kompositionsmuster. Die Figuren werden jetzt nicht mehr ihrer natürlichen Ordnung entsprechend gruppiert, sondern nach einem Muster angeordnet, das ihre Bedeutung und ihre innere wechselseitige Beziehung zutage treten läßt. Besonders charakteristisch für diese Entwicklung ist, wie wir noch sehen werden, die *Maiestas Domini*-Komposition, in der alle Elemente – Menschen, Architektur, etc. – symmetrisch um Gott oder Kaiser herum angeordnet sind. Wie die Gruppierungen der Figuren, so werden auch deren Maße aus ihrer tatsächlichen Relation zueinander gelöst: Die Größe der Figuren entspricht nicht ihren tatsächlichen Maßen, sondern ihrer Bedeutung. So entsprechen Form und Tätigkeit, Gruppierung und Größe der Figuren einer Wirklichkeit, die im Bereich der Ideen liegt, einer Funktion und Würde innerhalb einer ewigen, unveränderlichen Hierarchie von Mächten und Ordnungen.

Die gleiche Verschiebung der Betonung vom Äußeren zum Inneren hin tritt zur selben Zeit auch in der ästhetischen Theorie in Erscheinung. Die Klassik definierte Schönheit als Proportionalität: eine Proportionalität, die sich in Maßen und Zahlen ausdrücken ließ und also auf den Proportionen des menschlichen Körpers beruhte (der Kanon des Polyklet). Dieses Schönheitsideal galt für alle Bereiche der klassischen Kunst, für die Plastik ebenso wie für die Architektur. Während des 3. Jahrhunderts entwickelt sich eine völlig neue Ästhetik: Die Schönheit wohnt jetzt nicht mehr den Proportionen des Körpers inne, sondern der Seele, die ihn durchdringt und erleuchtet, d. h. dem Ausdruck (die Enneaden des Plotin). Die Schönheit ist eine Funktion des inneren Seins (τὸ ἔδον εἶδος)[2].

Auch auf der Ebene der Ethik sehen wir uns mit einer Neubewertung und Umgestaltung der klassischen Lebenshaltung konfrontiert, einer *Umwertung aller Werte*. Und wieder ist der Wandel durch eine Abwendung von der äußeren und eine Hinwendung zur inneren Welt gekennzeichnet. Das Ideal ist nicht mehr das, was man als Proportionalität der Seele bezeichnen könnte, nicht mehr die harmonische Organisation ihrer natürlichen Energien, Instinkte und Sinne eingeschlossen (also der gesamte in dem Begriff οωθροσύνη umrissene Gemütszustand). Jetzt setzt man sich eine rein geistige Existenz in Glaube und Weisheit zum Ziel, eine Überwindung des Lebens der Impulse und Sinne, des Körpers, ja, der gesamten äußeren Welt. Dies ist gleichbedeutend mit einer Konzentration auf das innere Leben, die die traditionelle, organische Ethik des „gesunden Geistes in einem gesunden Körper" zerschlägt. Der Held der Spätantike ist Märtyrer und Asket – an die Stelle der Heldenmythen klassischer Zeiten treten die Märtyrerlegenden.[4]

Die Philosopie der Spätantike lehrt, daß das natürliche, sinnliche Leben, alles Leben im „Fleisch", zu einer niedrigeren Existenzform gehöre. Das Ziel bestehe darin, seinen Geist, sein *pneuma*, vom natürlichen Menschen zu befreien. Die letzte große reinigende Religion des antiken Heidentums, der Neuplatonismus, brachte diese Anschauung in ein System. Die vom Materiellen unberührte Seele ist ein himmlisches Wesen; doch durch einen „Fall in die Materie" hat sie in einem Körper stoffliche Form angenommen und ist in diese Welt geworfen worden. In unserer natürlichen Existenz auf dieser Erde ist die Seele daher an ein niederes Prinzip gekettet und den trügerischen Wahrnehmungen der Sinne überlassen. Ziel ist es, dieses himmlische Wesen von der Materie zu befreien und von der körperlichen Natur und der sinnlichen Erfassung der Dinge unabhängig zu machen. Wir müssen uns aus dem Chaos von Gefühl und Phantasie herauskämpfen, in das unsere Sinne uns verstricken, und nach einer höheren Wirklichkeit streben, nach der hinter den Naturerscheinungen stehenden ewigen Ordnung. Noch in der Mitte des 3. Jahrhunderts n. Chr. sah Plotin (Abb. 27) in der greifbaren Realität der Natur eine schöne Widerspiegelung der Ideen. Doch zu Beginn des 4. Jahrhunderts haben die Naturerscheinungen diesen Glanz verloren; sie werden jetzt nur noch als Dschungel der Verwirrung betrachtet, in dem die Menschen sich verirren. Man zieht sich von der äußeren, wandelbaren Welt der Illusionen, den Dingen der

Natur, dem „schönen Körper" zurück und konzentriert sich auf die Abstraktionen des inneren Lebens, auf Symbole, Ideen und Konzeptionen, auf die Betrachtung des unveränderlichen Himmels einer höheren Realität.

Genau dieser Rückzug in den Bereich der Abstraktion charakterisiert, wie wir gesehen haben, die Kunst beim Übergang von der Antike zum Mittelalter.[5] Die unmittelbare sinnliche Wahrnehmung hat ihre Kraft und ihre Freude verloren. Der überströmende Formenreichtum der Natur in seiner greifbaren Schönheit und Fülle bewegt den Künstler nicht mehr. Die gesamte äußere Welt ist – um es in der Sprache der damaligen Zeit auszudrücken – eine in seinen Sinnen herrschende Verwirrung, eine trügerische Illusion, ein nebelhafter Traum. Hinter der vergänglichen Welt der Natur nimmt die Kunst die großen, regelmäßigen Umrisse einer unwandelbaren, übernatürlichen Hierarchie von Kräften und Ideen, Stoffen und Wesen wahr und sucht diese ewige Ordnung durch neue, abstrakte Ausdrucksmittel, durch ein System festgelegter Typen- und Kompositionsformeln einzufangen. Eine solche Schablone hat jedoch auch einen negativen Aspekt – nämlich eine Schematisierung, die einer zusammenfassenden Denkweise sowohl in der Gesetzgebung als auch im praktischen Leben jener Zeit entspricht.

Eine auffallende Parallele zu dem Geschehen im Bereich der Kunst stellt die bemerkenswerte Neuinterpretation und Umwertung dar, die die gesamte klassische Mythologie während der römischen Kaiserzeit erfährt. Man denkt sich den Gott und den Helden nun rein abstrakt: Statt der mythischen Wesen in ihren konkreten Situationen sucht man die innere Wahrheit, die hinter der Figur und ihrer Handlung verborgene Bedeutung. Göttlichkeit, Mythos und Legende verlieren ihre Substanz, erhalten jedoch in der Allegorie und dem Symbol einen neuen Inhalt (Abb. 28). Der Mythos, so erfahren wir, ist eine Lüge – aber „eine Lüge, die die Wahrheit beschreibt". Wie eine Hülle umschließt der Mythos diese Wahrheit, die seinen neuen Kern und „Innenraum" darstellt.[6]

Überall begegnet man der Ablehnung des Konkreten, plastisch Begrenzten und Bestimmten, der Hinwendung zu vereinfachenden Konzepten und symbolischen Absolutheiten. Bei einem kaiserlichen Triumph wird nicht mehr der historische Sieger gefeiert – der Sieger, der zu einer bestimmten Zeit und an einem bestimmten Ort einen besonderen Feind überwunden hat –; vielmehr erhebt man den historischen Sieger zum absoluten Sieger, zum *ubique victor*, zum *victor omnium gentium*; sein historischer Sieg wird zur *victoria perpetua*. Mit diesen Namen belegt man den Kaiser und seinen Sieg auf spätantiken Münzen, und so wird er auch in der Kunst dargestellt, die seine Triumphe feiert. Auf dem Konstantinsbogen etwa legt man Konstantin nicht nur die Vertreter jener Völker zu Füßen, die er tatsächlich bezwungen hat, sondern Vertreter sämtlicher Feinde Roms. In ähnlicher Weise stehen die auf dem Bogen dargestellten Flußgötter nicht mehr für einen spezifischen, sondern für die Gesamtheit des *orbis Romanus* (Abb. 85).

Der abstrakte Mensch, dessen Blick in eine jenseitige Welt versenkt ist, ist in den spätantiken Porträts (z. B. Abb. 15) ist nicht nur in seinem eigenen, lebendigen Selbst verkörpert. In der großen Bildergalerie des Imperiums vollzieht sich gegen Ende des 3. Jahrhunderts ein Wandel in der gesamten physiognomischen Typologie – ein Wandel, der die oben erwähnte Veränderung der Denkweise in entsprechender Weise begleitet. Das Auge ist nun auf ein neues Ziel gerichtet. Es schaut an den Dingen vorbei, die den Menschen umgeben, durch Zeit und Raum – ja, durch die gesamte greifbare Realität – hindurch und ruht auf einem Punkt, der in unendlicher Ferne liegt (Abb. 117 und 122): Typisch für die Epoche ist dieser in die Ferne gerichtete Blick, der nicht nur dem künstlerischen Porträt einen besonderen Ausdruck verleiht, sondern auch dem Menschen selbst, wie wir ihn im geistigen Leben und hinter dem gesamten staatlichen und bürgerlichen Leben des Dominats sehen. Er sieht durch unsere schwer faßbare, sich wandelnde, disharmonische, physische Welt hindurch und versenkt sich in die höheren Absolutheiten, die unwandelbare Symmetrie, den Bereich der Ewigkeit.

Anmerkungen

[1] Die neue Raumarchitektur des Imperiums ist in G. von Kaschnitz-Weinberg, „Vergleichende Studien zur italisch-römischen Struktur", *Mitteilungen des Deutschen Archäolog. Instituts, Röm. Abt.*, 59, 1944, S. 89 ff. ausgezeichnet beschrieben.

[2] Kähler, *op. cit.*, Abb. 27a, S. 60 ff.

[3] Zu τύπος ἱερός, in der spätantiken Literatur und Kunst vgl. L'Orange, *Studien zur Geschichte des spätantiken Porträts*, Oslo, 1933, S. 91 f.

[4] E. Lucius, *Die Anfänge des Heiligenkults*, Tübingen, 1904, *passim*.

[5] Zum vieldiskutierten spätklassischen Transzendentalismus, dem zentralen Faktor der spätklassischen Kunst, siehe G. Rodenwaldt, *CAH*, XII, S. 563.

[6] F. Cumont, *Recherches sur le symbolisme funéraire des Romains*, Paris, 1942, *passim*.

Die große Krise und ihre Lösung
unter Diokletian

Kapitel 2

Die Reformen Diokletians

Diokletian

Diokletian – privat Diokles genannt – begann seine Herrschaft damit, daß er in eigener Person Recht sprach. Eigenhändig richtete er den Mann hin, den man des Mordes an dem im Osten herrschenden Kaiser, Numerianus, für schuldig hielt: Auf dem hohen Tribunal und vor den Augen des versammelten Heeres erstach er Aper, den Kommandanten der Prätorianergarde. Ebenso dramatisch war sein Abgang vom Gipfel der Macht. Auf dem hohen Tribunal – wiederum vor den Augen des versammelten Heeres – nahm er den Purpur von seinen Schultern und warf ihn dem neuen Caesar um, den er auserwählt hatte; Diokletian war wieder Diokles. Die Herrschaft Diokletians ist in charakteristischer Weise von diesen beiden Staatshandlungen eingerahmt. Eine kurze Beschreibung dieser Handlungen eignet sich daher als Einführung zur folgenden Untersuchung der Reformen Diokletians.

Im Jahre 284 n. Chr. waren die römischen Heere unter Kaiser Numerianus auf dem Rückmarsch von einem persischen Feldzug. Der Kaiser, der an einer Augeninfektion litt, wurde in einer Sänfte getragen, die ihn den Blicken verbarg. Er befand sich in Begleitung seines Schwiegervaters Aper, des Präfekten der Prätorianergarde. Eines Tages entströmte der königlichen Sänfte ein grauenhafter Gestank, und bald wußte das ganze Heer, daß sich in ihr eine Leiche befand. „Sofort fielen alle über Aper her, der seinen Verrat nicht länger verbergen konnte, und sie zerrten ihn vor die Banner vor dem Oberkommando des Lagers. Die Soldaten strömten zusammen, bildeten eine große Militärversammlung und errichteten ein Tribunal. Als die Frage gestellt wurde, wer das meiste Recht habe, der Rächer Numerians und ein guter Herrscher des römischen Reiches zu werden, verliehen alle in vom Himmel gesandter Einigkeit *(divino consensu)*

51

Diokletian den Titel des Augustus. Diesem war seine künftige Kaiserherrschaft angeblich bereits durch ein Zeichen angekündigt worden. Dieser Mann bestieg jetzt das Tribunal und wurde als Augustus begrüßt. Als man ihn fragte, wie Numerian ermordet worden sei, wies Diokletian mit seinem gezückten Schwert auf Aper, den Prätorianerpräfekten, durchbohrte ihn damit und sagte: ‚Das ist der Mörder Numerians.'"[1]

Am zwanzigsten Jahrestag seiner Kaiserzeit in Rom im Jahre 303 n. Chr. hatte der außerordentlich willensstarke Diokletian Maximian, seinen Mitkaiser im Westen, dazu bewogen, beim Jupiter Capitolinus zu schwören, daß er in Übereinstimmung mit der neuen Thronfolgeordnung gleichzeitig mit Diokletian abdanken werde. So traten am selben Tag – aber durch einen Kontinent voneinander getrennt – der östliche und der westliche Kaiser zurück, und die beiden Caesaren traten in dem jeweiligen Teil des Imperiums ihre Nachfolge an. Auf diese Weise wurde das Kollegiatsprinzip der Viererherrschaft des Imperiums, das die gesamte neue Staatsordnung stützte, feierlich bestätigt. Die Abdankung Diokletians wird von Lactantius wie folgt beschrieben. Am 1. Mai 305, so lesen wir, werden die östlichen Heere und Vertreter der gesamten kaiserlichen Armee auf einem Hügel in der Nähe der Residenz Diokletians, Nikomedia in Kleinasien, aufgestellt, und zwar genau an der Stelle, an der Diokletian seinem östlichen Mitkaiser Galerius den Purpur verliehen hatte. Auf diesem Hügel wurde eine Säule errichtet, die von einer Statue Jupiters, des göttlichen Beschützers der gesamten diokletianischen Staatsordnung, gekrönt war. Diokletian besteigt das Tribunal. Unter Tränen hält er eine Ansprache an das Heer: Sein Werk sei vollendet, er wolle seine Macht abtreten. „Da verkündet er mit einem mal Severus und Maximin als Cäsaren", die an der Seite der beiden älteren, jetzt zu Augusti ernannten Caesaren stehen sollen. „Dem Daia warf Diokletian den eigenen Purpur über die Schulter, den er ablegte, worauf er wieder Diokles wurde. Dann stieg man herab. Ein Reisewagen brachte den gewesenen Kaiser zur Stadt hinaus nach der Heimat."[2]

Aus diesen miteinander kontrastierenden, aber gleichermaßen aufschlußreichen Szenen sprechen eine fast brutale Rechtschaffenheit und ein beinahe ergreifendes Pflichtgefühl. Die beiden bei der Übernahme und bei der Übergabe der Macht stattfindenden Handlungen verleihen der Regierungszeit Diokletians ein deutliches Profil; sie zeigen, wie der aktive Mensch den Ereignissen seinen Stempel aufdrückt, wie er energisch in den Lauf der Geschichte eingreift – kurzum, sie offenbaren die Persönlichkeit, die Geschichte macht. Dieses Bild gewinnt an Deutlichkeit, wenn man die Herrschaft Diokletians und die Regierungsführung, auf deren Grundlage der neue Staat sich entwickelte, untersucht. Meiner Meinung nach bleiben die Grundzüge dieses Bildes unverändert, gleichgültig, ob man in Diokletian den großen Systematiker sieht, der dem Imperium ein vorgefertigtes Regierungssystem aufzwang (wie es der Ansicht

früherer Historiker entspricht), oder ob man ihn – wie William Seston in seinem großen Werk über Diokletian[3] (und unserer Ansicht nach zu Recht) – als den tatkräftigen
Menschen betrachtet, der auf die Herausforderung der Ereignisse mit wirkungsvollen
Maßnahmen und Verteidigungsbemühungen reagierte, die erst allmählich die Form
eines neuen Regierungssystems annahmen.

Unter diesem tatkräftigen Regime, das gnadenlos alle in der jeweiligen Situation
erforderlichen Konsequenzen zog und jeden Gedanken bis zum Ende verfolgte, treten
Tendenzen ins Blickfeld, die lange sowohl im geistigen als auch im tatsächlichen Leben
der damaligen Zeit verborgen gewesen waren.

Die große Krise

In der zweiten Hälfte des 3. Jahrhunderts erlebte das römische Reich eine schreckliche
Krise, die den Übergang vom Prinzipat zum Dominat beschleunigte. Schreckliche
innere wie äußere Kriege stürzten das Imperium in ein Chaos, in dem alle Überreste der
traditionellen bürgerlichen und gesellschaftlichen Ordnung mehr oder weniger vollständig aufgelöst wurden. In diesem Zusammenhang muß das aufgeteilte römische
Imperium, das den Hintergrund für das Erscheinen Diokletians und die Begründung
der neuen tetrarchischen Regierungsform bildet, kurz skizziert werden.

In der 2. Hälfte des 3. Jahrhunderts fielen sämtliche Grenzen des Reiches: Entlang
der nördlichen Grenzen fielen Franken, Alamannen, Vandalen, Goten und Sarmaten
ein; vom Schwarzen Meer her drangen gotische Wikinger in das Mittelmeergebiet vor;
im Osten übten die sassanidischen Perser Druck aus; im Süden drangen Blemmyer,
Libyer und Mauren ein. Gleichzeitig kam es innerhalb des Imperiums ständig zu Kai-
sermorden und widerrechtlichen Machtergreifungen; die einzelnen Provinzen lösten
sich vom Reich und wurden unter ihren Provinzheeren und Usurpatoren gegeneinan-
der organisiert; ein ständiger Bürgerkrieg zerbrach das alte Reich. Trebellius Pollio
berichtet (wenngleich er hierbei ein wenig seine Phantasie zu Hilfe nimmt) von dreißig
Usurpatoren *(tyranni triginta)*, die während der Herrschaftszeit des Kaisers Gallienus
„aus allen Teilen des Reiches gegen das Imperium anstürmten."[4] Überall lag die Macht
in den Händen des lokalen Heeres, das seine Führer zu Kaisern proklamierte. Die traditionellen Verbindungen zwischen den Provinzen lösten sich auf, und die Einheit des
Imperiums wurde zerschlagen. Wir befinden uns in einem seltsam *aufgespaltenen* Imperium, dessen Provinzen im Widerstreit miteinander liegen.[5]

Mit dieser verwirrenden Sachlage ging auch Chaos im wirtschaftlichen Bereich einher. Eine Geldentwertung – das Ergebnis der Verminderung des Edelmetallanteils in

der Münze – führte zu Inflation und heftigen Preisschwankungen. Zur Erhaltung des stehenden Heeres wurden die Steuern ständig erhöht; ständig wurden Vorräte, vor allem landwirtschaftliche Erzeugnisse, für auf dem Marsch befindliche Heere requiriert. Finanzielle Schwierigkeiten und Währungsprobleme zwangen den Staat dazu, sich das, was er brauchte, in Form von Naturalien zu nehmen und nicht mehr in Form des unzuverlässigen, zunehmend entwerteten Geldes, das die regulären Steuern einbrachten.

All das bekamen zuallererst die besitzenden Klassen zu spüren, die unter der Last der Steuern, militärischen Requisitionen und unerträglichen *munera* stöhnten. Es war nichts Ungewöhnliches, daß Beamte der Stadtbehörden ihr ganzes Vermögen gaben, um sich von den ihnen aufgezwungenen Pflichten zu befreien, die es mit sich brachte. Zur gleichen Zeit kam es auch vor, daß Menschen von ihren Gehöften flohen oder sich weigerten zu arbeiten – eine Form des Streiks.[6] Die literarischen Quellen geben uns einen lebendigen Einblick in eine Zeit des Terrors, der Morde und Konfiskationen. In diesem Zusammenhang muß man auch die Feindseligkeit berücksichtigen, die das militärische Proletariat der Provinzen, das damals an der Macht war, der bürgerlichen Wirtschafts-und Gesellschaftsordnung entgegenbrachte – ja, der ganzen Kultur, die sie vertrat.[7] Die traditionellen Formen in der Welt der Kunst und Kultur lösten sich ebenfalls auf – hierauf werden wir noch eingehen. Im religiösen Bereich entstand eine Symbiose zwischen den verschiedenartigsten Glaubensrichtungen, gleichzeitig wurde der traditionelle griechisch-römische Olymp von aus den Provinzen eindringenden Einflüssen, vor allem von östlichen Religionen und Philosopien, durchdrungen und gewandelt. Überall herrschten Unruhe und Furcht. Nichts war sicher.

In dieser chaotischen Situation erschien Diokletian auf der Bühne der Weltgeschichte. Er war der neue Jupiter auf Erden, der das Chaos bezwingen und die rebellierenden Giganten zu Boden werfen würde; unter diesem Gesichtspunkt wurde Diokletian von Panegyrikern und Künstlern gefeiert. Das geteilte Imperium wurde wieder geeint, eine verwirrte Menschheit ordnete sich neu, Tätigkeiten wurden wieder aufgenommen und in einer einem Gemeinwesen ähnlichen Ordnung verteilt. Doch diese Ordnung war nun von einem System absolut gültiger Begriffe und Vorstellungen – dem Dominat – umschlossen. Die oben skizzierte Wandlung der Lebensformen des Prinzipats, die eigentlich schon im frühen 2. Jahrhundert begonnen hatte, wurde erst mit den Reformen Diokletians nach der großen Krise in der 2. Hälfte des 3. Jahrhunderts vollendet.

Im 3. Jahrhundert n. Chr., dem Jahrhundert der Soldatenkaiser, war es zum allgemein anerkannten Brauch geworden, daß das Heer den Kaiser ausrief; der Senat konnte trotz seines Amtseinsetzungsrechts diese Ausrufung nur noch bestätigen. In dem geteilten Imperium genügte es jedoch nicht, daß nur ein einzelnes Provinzheer die Wahl eines Kaisers unterstützte, wie etwa nach dem Tode des Numerianus die östlichen Heere für die Wahl Diokletians verantwortlich waren. Nach der Ermordung von Kaiser Carinus, dem Vater des Numerianus, wurde Diokletian auch zum Befehlshaber der westlichen Heere und übernahm damit die rechtmäßige Position eines Universalherrschers über das römische Imperium (285 n. Chr.). Man erwartet nun eigentlich, daß der Kaiser jetzt seine Schuld zurückzahlen und dem kaiserlichen Heer seine Loyalität erklären würde; Diokletians erste Regierungserklärung war jedoch im Gegenteil eine Proklamation seiner eigenen Souveränität. Alle Münzstätten des Imperiums prägen nun Münzen, die nicht – wie es üblich gewesen war – Inschriften wie *fides militum* oder *concordia militum* trugen, sondern vielmehr die Aufschrift *Jupiter conservator Augusti*, die für den Kaiser einen seine Führerschaft heiligenden göttlichen Schutz erflehte. Der Kaiser war in seinem Umgang mit dem Senat ein ebenso souveräner Herrscher wie in seiner Beziehung zum Heer. Den Münzen nach zu urteilen hielt er es nicht für notwendig, Rom zu besuchen, um sich vom Senat in sein Amt einsetzen zu lassen;[8] zu Beginn des Jahres 286 befand er sich in Nikomedia in Kleinasien, seiner ständigen Residenz.

Mit göttlicher Souveränität baute Diokletian nun das neue Regierungssystem auf, das die Integrität des römischen Imperiums sicherte. Die einzelnen Strukturelemente dieses neuen Systems wurden – laut Seston – ursprünglich als notwendige Sicherheitsmaßnahmen in einer gegebenen historischen Situation geschaffen und wuchsen erst allmählich zu einem logischen, durchstrukturierten Ganzen zusammen. Als Diokletian im Jahre 285/86 Maximian zum Mitherrscher ernannte und als *filius augusti* mit dem Titel *nobilissimus caesar* adoptierte, so tat er das hauptsächlich, um einen treuen und einsatzfähigen Verbündeten in den westlichen Provinzen des Imperiums zu gewinnen, während er selbst über die östlichen wachte; Maximian sollte die Westgrenze gegen den bedrohlichen Druck absichern, den Invasionen fränkischer, germanischer und anderer barbarischer Stämme darstellten, und gleichzeitig die Bauernerhebung in Gallien, den Bagaudenaufstand, befrieden. Als im Jahre 286 Diokletians Schützling Carausius die kaiserliche Macht in Britannien an sich riß und sich selbst zum Kaiser ausrief, konnte Maximian im Range nicht unter dem unrechtmäßigen Augustus stehen, den er bekämpfen sollte; daher wurde er dazu aufgefordert, sich an der Regierung des Imperiums zu beteiligen, und zum Augustus erhoben.[9] Mit dieser

Doppelherrschaft – ein Augustus im Osten, einer im Westen – wurde jener Teilungsprozeß eingeleitet, der zu der „symmetrischen" Staatsordnung der Tetrarchie mit vier herrschenden Kaisern führte.

Maximians Feldzug gegen Carausius war ein Fehlschlag und die Einheit des römischen Imperiums somit gefährdet. Und wieder reagierte Diokletian wie in den Jahren 285/86: Im Jahre 293 stellte er Constantinus Chlorus als Caesar an die Seite Maximians. Er sollte den Kampf gegen den kriegerischen Usurpator in Britannien fortsetzen, während Maximian die Rheingrenze bewachte.[10] Als Diokletian kurze Zeit später Galerius als Caesar an seine eigene Seite erhob, geschah das wiederum unter dem Druck der historischen Situation.[11] Die gleiche Gefahr, die im Westen bestand, drohte nun auch im Osten: In den Jahren 290/93 versuchte das sassanidische Reich, die persischen Gebiete von Rom zurückzuerlangen. Galerius wurde im Jahr 293, drei Monate später als Constantius, Caesar.[12]

Damit war das tetrarchische Imperium vollständig konstituiert. Das ganze Reich wurde nun einem konstitutionellen System gemäß regiert, das es vor Angriffen von außen sicherte und Usurpationen im Inneren verhinderte. Es gab einen Augustus im Osten und einen im Westen, und jedem von ihnen stand ein Caesar zur Seite. Beim Tode eines Augustus nahm der ihm zur Seite stehende Caesar unverzüglich seinen Platz ein. So war das Imperium gegen jeglichen Angriff gewappnet, ganz gleich, von welcher Seite er kommen und gegen welchen Teil des Reiches er gerichtet sein mochte. Und auch im Inneren war das rechtmäßige Imperium gegen Kaisermord und Usurpation abgesichert. Das Grundprinzip der ganzen Struktur bestand in der ständig verkündeten kaiserlichen *concordia*, auf der die Delegation der Macht, das Gleichgewicht und die unerschütterliche, überpersönliche *Symmetrie* der Tetrarchie beruhten. „L'institution impériale reçut pour couronnement un édifice imprévu aux lignes symétriques."[13]

Eng mit dem neuen Regierungssystem verknüpft war eine Form der Thronfolge, die in der Geschichte der Monarchie zweifellos einmalig und gleichzeitig für die symmetrische Struktur der Tetrarchie äußerst charakteristisch war. Bei Beendigung einer vorgegebenen Herrschaftszeit, die etwa auf einen Zeitraum von zwanzig Jahren festgesetzt war, hatten beide Augusti am selben Tag abzudanken; gleichzeitig stiegen beide Caesaren zu Augusti auf, und es wurden zwei neue Caesaren ernannt. Um zu verhindern, daß die zurückgetretenen *seniores augusti* die neue Tetrarchie in unzulässiger Weise beeinflußten, verlangte man von Ihnen, daß sie sich von den kaiserlichen Residenzen entfernten und sich in Ruhestandspalästen in den Provinzen zurückzogen. Und diese Thronfolgeregelung war, obwohl sie dem Regierungssystem des tetrarchischen Staates so gut angepaßt war, nicht etwa das Ergebnis eines Systems. Sie war aus den histori-

Fortsetzung Seite 90

18. Rom, Biblioteca Apostolica Vaticana. Porphyrgruppe der
Tetrarchen: Die beiden Cäsaren
19. Teilansicht von Abb. 18

Folgende Seiten:
20. Rom, Forum Romanum. Basis einer der fünf Säulen
eines Monuments zu Ehren der Tetrarchen:
Opferszene, die sich über die vier Seiten hinzieht

21. Kairo,
Archäologisches Museum.
Porphyrbüste, die vermutlich
Licinius darstellt

22. Piazza Armerina, Villa Imperiale.
Detail eines Mosaiks: Amor und Psyche

23. Piazza Armerina, Villa Imperiale.
Detail eines Mosaiks
mit Personifikation einer asiatischen Provinz

Folgende Seiten:
24. Piazza Armerina, Villa Imperiale.
Detail des großen Mosaiks mit Jagdszenen

Folgende Seiten:
26. Piazza Armerina, Villa Imperiale.
Detail des großen Mosaiks mit Jagdszenen

27. Ostia, Museum. Drei Bildnisse, die wahrscheinlich
den Philosophen Plotin darstellen

Folgende Seiten:
28. Rom, Domus Aurea.
Detail des Mosaiks einer Wölbung.
Odysseus gibt dem Zyklopen zu trinken
29. Rom, Katakomben von San Sebastiano.
Deckendekoration des Grabes von Clodius Hermes
(Ende 2. Jh. n. Chr.)
30. Rom, Museum der Katakomben von San Sebastiano.
Löwenjagdsarkophag (2. Hälfte des 3. Jh. n. Chr.)
31. Teilansicht von Abb. 30

32. Rom, Katakomben von San Sebastiano.
Detail eines polychromen christlichen
Sarkophages: Christus und Petrus

33. Rom, Katakomben von San Sebastiano.
Detail eines polychromen Sarkophages

34. Rom, Biblioteca Apostolica Vaticana.
Goldglas mit Bildnissen (3. Jh. n. Chr.)
35. Brescia, Museo Cristiano.
Goldglas (3. Jh. n. Chr.), in die Mitte des
sog. Desideriuskreuzes aus dem Hochmittelalter eingefügt

36. Rom, Biblioteca Apostolica Vaticana.
Goldglas mit Bildnis (3. Jh. n. Chr.)

37., 38. Rom, Katakomben von San Sebastiano.
Zwei Details der Dekoration einer römischen Villa
des 3. Jh. n. Chr.

39.–41. Rom, Museo Nazionale Romano.
Sarkophag eines Beamten (Ende des 3. Jh. n. Chr.).
Unten und auf der folgenden Seite: zwei Teilansichten

42., 43. Rom, Katakomben von San Callisto.
Krypta der Schafe:
Moses schlägt Wasser aus dem Felsen (Fresco).
Folgende Seite: Ausschnitt

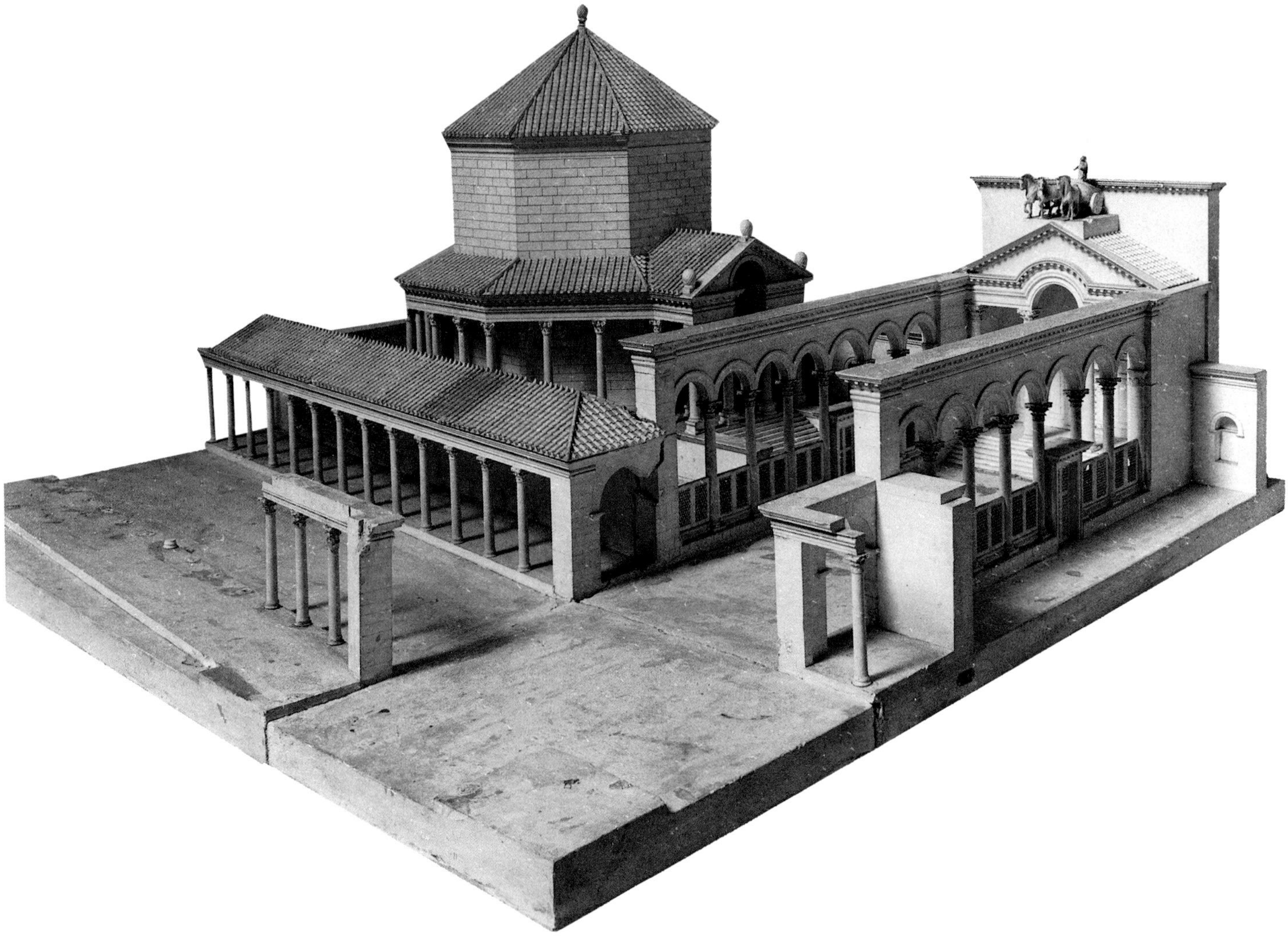

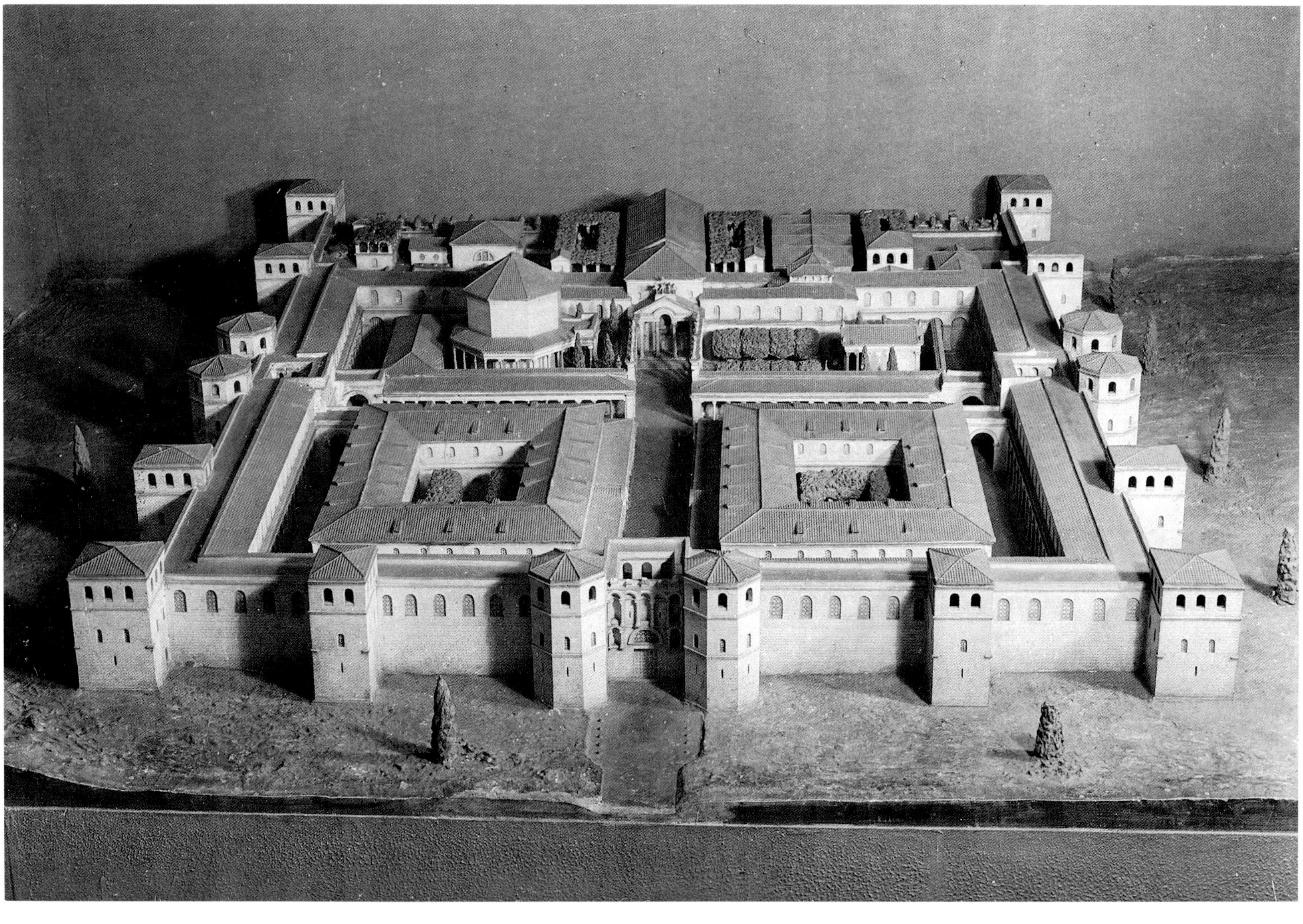

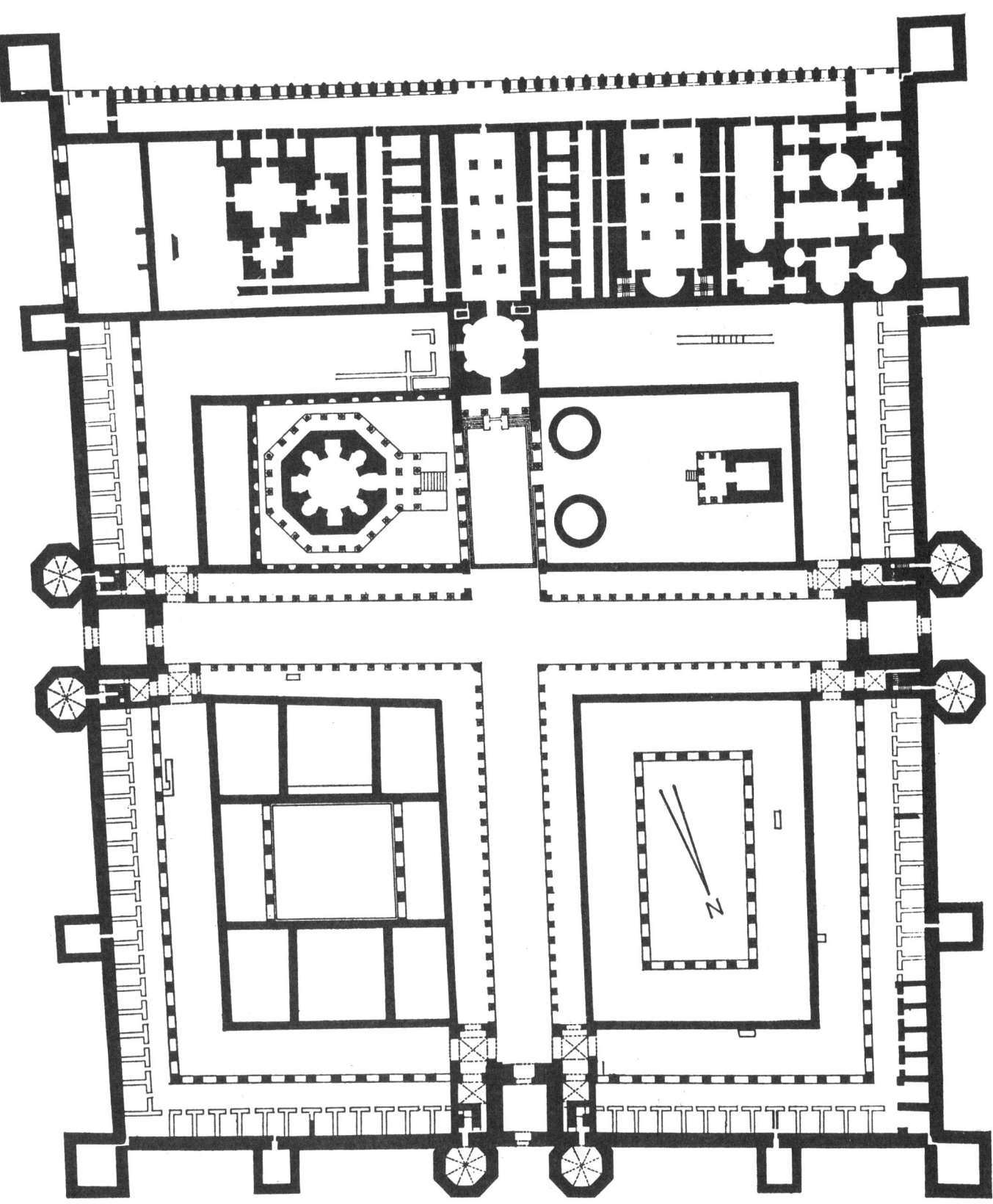

Gegenüberliegende Seite, oben:
44. Rom, Museo della Civiltà Romana.
Rekonstruktion des von Säulen umgebenen Platzes
und des Mausoleums im Diokletianspalast von
Spalato

Unten:
45. Rom, Museo della Civiltà Romana.
Rekonstruktion des Diokletianspalastes von Spalato
Oben:
46. Grundriß des Diokletianspalastes von Spalato

schen Gegebenheiten erwachsen und hatte die Funktion, Usurpationen und Thron-folgerivalitäten zu vermeiden – war mithin eine Notwendigkeit, eine Konsequenz des Lebens selbst.

Und so folgten die Regierungszeiten der Kaiser, ihre Regierungsantritte und Abdan-kungen, ihre Jubiläen etc. in gleichmäßigem Rhythmus aufeinander oder waren zumindest dem System entsprechend geplant. Die Regierungszeiten der einzelnen Kaiser wurden in eine entpersönlichte, rhythmische Abfolge gezwängt. So wurde zum Beispiel bereits nach wenigen Jahren der Jahrestag der Thronbesteigung der beiden Caesaren, ihr *dies imperii*, am selben Tag gefeiert, und auch der Ort ihrer Amtseinset-zung wurde – wiederum entgegen dem tatsächlichen Sachverhalt – als ein und derselbe betrachtet. „Pour répondre au goût de la symmétrie."[14] Der *dies imperii* des einen Kai-sers, der Ort seiner Amtseinsetzung, der Tag seines Jubiläums und das Jahr seines Rücktritts wurden von dem anderen übernommen, genau so wie man etwa auf Mün-zen das Porträt des einen Kaisers durch das des anderen ersetzte. Als beispielsweise Diokletian im November 303 in der alten Hauptstadt des Imperiums seine *vicennalia* feierte, war auch Maximian Held des Tages, und beide Caesaren feierten gleichzeitig ihre *decennalia*. Zur Erinnerung an dieses Ereignis wurde hinter der Rostra auf dem Forum Romanum ein Denkmal errichtet, das sich aufgrund der noch erhaltenen Frag-mente und seiner Darstellung auf einem Relief des Konstantinsbogens rekonstruieren läßt.[15] Es bestand aus fünf sehr großen, von Statuen gekrönten Säulen: In der Mitte befand sich Jupiter, und um ihn herum waren die vier Kaiser, die alle demselben Typus entsprachen, symmetrisch angeordnet.

Auch im früheren Imperium kannte man ein System des „Doppelprinzipats"[16] – bei-spielsweise die gemeinsame Herrschaft von Marcus Aurelius und Lucius Verus. Doch erst in der Zeit der Tetrarchie wurde die Konzeption eines Zwillings-Imperiums ent-wickelt, in dem die beiden Augusti als einander vollkommen gleichgestellt und ähn-lich in Erscheinung traten – sozusagen, als seien sie in derselben Form gegossen. In der Rede, die Mamertinus zu Ehren Maximians an dessen „Geburtstag" im Jahre 291 n. Chr. hielt, begegnen wir zum ersten Mal dieser Vorstellung von der idealen Ähnlichkeit der Kaiser. An der Spitze des römischen Imperiums stand ein Zwillingsgott, *numen gemina-tum*.[17] Die Ähnlichkeit der Kaiser tritt in ihrem gesamten Wesen, in ihrem physischen Äußeren, ja sogar in ihrem Alter zutage.[18] „Die unsterblichen Götter können ihre Wohltaten nicht zwischen euch aufteilen; was einem von euch gegeben wird, gehört euch beiden."[19] Mit dem gleichen Nachdruck verkünden die Münzporträts die *simili-tudo* der Kaiser; wie bereits erwähnt, wird diese Angleichung so weit getrieben, daß sogar ein Kaiserporträt anstelle eines anderen eingesetzt und so unter den vier verschie-denen Kaisernamen als gültig betrachtet werden kann.[20] Auch in der Monumentalplastik werden die Kaiser als einander gleichend dargestellt – so zum Beispiel in den bekannten Porphyrgruppen in Venedig und im Vatikan (Abb. 16, 17, 18, 19). Sie alle sind im Hochrelief dargestellt, treten beinahe als Rundskulptur hervor und sind paarweise angeordnet. Alle Paare sind gleich hoch, tragen die gleiche Kleidung und die gleichen Waffen, die gleichen Orden und Insignien, haben die gleiche Haltung und Gestik und halten sich in der gleichen ausdrucksstarken Umarmung umschlossen – der bildlichen Darstellung ihrer *concordia*. Die perfekte *similitudo* erstreckt sich auf den physiognomischen Typus, die Gesichtszüge und vor allem den Ausdruck – das ist am deutlichsten zu sehen bei den Vatikangruppen, wo jedes Paar eine mehr oder weniger mechanische Verdoppelung derselben Figur darstellt. Auch bei dem bereits erwähnten tetrarchischen Monument auf dem Forum Romanum und bei der Tetrarchengruppe auf einem Relief des Galeriusbogens in Saloniki drückt sich die *similitudo* der Kaiser in Typus, Kleidung, Gestik und Gesamterscheinung aus.

Diese *similitudo*, der wir in den Kaiserschilderungen der Panegyriker, in Münzporträts und in der Monumentalplastik begegnen, hat ihre eigene Erklärung, die einen wichtigen Einblick in die theokratischen Ideen des Dominats erlaubt. Der Schlüssel zu ihrem Verständnis liegt in der scheinbar belanglosen Tatsache, daß beide Augusti ihren „Geburtstag" am selben Tag feiern: Dieser Geburtstag, *gemini natales*, ist in Wirklichkeit nicht ihr eigener, persönlicher Geburtstag, sondern ihr gemeinsamer, göttlicher; berechnet wird er nach dem Tag im Jahre 287, als die beiden Augusti – nach ihren Vätern Jupiter und Herkules – die Namen Jovius und Herculius annahmen.[22] Auf diesen gemeinsamen Ursprung begründet sich die *similitudo* der Kaiser. An die Stelle der persönlichen Individualität tritt der identische Kaisertypus mit seinem göttlichen Ursprung, genau wie der persönliche *dies natalis* durch den göttlichen Geburtstag ersetzt wird. Die *similitudo* in der Darstellung der Kaiser besitzt somit den gleichen Charakter wie die der Heiligendarstellungen; alle individuellen Merkmale werden von einem „heiligen Typus", τύπος ιερός, durchdrungen. Auf diese Offenbarung des Göttlichen in den Kaisern, nicht auf ihre individuelle Persönlichkeit, ist der Blick der Spätantike gerichtet; er sucht nach dem ewigen Gottkaiser, den man zweifellos im Bilde Diokletians sah. Die individuelle Persönlichkeit wird durch den Typus ersetzt. Die kaiserliche *concordia* selbst, die Grundlage der tetrarchischen Regierung, ist auf dieser *similitudo* der Kaiser aufgebaut: *hac ipsa vestri similitudine magis magisque concordes*.[23]

Die *concordia* der Kaiser drückt sich in der vollkommenen Gleichheit der beiden Augusti und der beiden Caesaren aus. Im Hofzeremoniell standen die beiden Augusti als göttliche Zwillinge nebeneinander, so daß die sie anbetenden Untertanen die traditionelle, auf den einzigen Gottkaiser gerichtete Form der Verehrung ablegen mußten; statt dessen wurde eine neue Anbetungszeremonie mit Doppelanbetung *(duplicatum pietatis officium)* eingesetzt.[24] Bei Versammlungen erschienen die Kaiser stets gemeinsam. Bei Besprechungen hielten sie einander bei der Hand.[25] Sie fuhren miteinander im selben Wagen, und wenn sie vorbeifuhren, schrien die Zuschauer vor Freude, zeigten auf sie und riefen: *Vides Diocletianum? Maximianum vides? Ambo sunt, pariter sunt. Quam iunctim sedent! Quam conconditer colloquuntur.*[26] Wie in der *similitudo* der Kaiser trat auch in ihrer *concordia* eine höhere Stabilität und Regelmäßigkeit, eine göttliche Ordnung zutage. „Welches Jahrhundert hat jemals eine ähnliche *concordia* auf dem Gipfel der Macht gesehen? Welche Brüder, welche Zwillingsbrüder respektieren das gleiche Anrecht des anderen auf ein ungeteiltes Eigentum so wie Ihr Euer gleiches Recht auf das römische Imperium? Durch all dies wird offenbar, daß, obwohl andere menschliche Seelen weltlich und vergänglich sind, Ihr himmlische und ewige *(caelestes et sempiternes)* Seelen besitzt."[27] In der *similitudo* und *concordia* der Kaiser, in der unerschütterlichen Symmetrie des tetrarchischen Imperiums offenbart sich demnach der Himmel. Schon die Vierteilung des Reiches ist himmlischen Ursprungs. In dieser göttlichen Zahl wohnt die höchste Kraft und Freude *(Isto numinis vestro numero summa omnia nituntur et gaudent)*. Der Panegyriker, der diese Wort zu Constantius Chlorus spricht, preist damit die Verankerung des gesamten Universums in der kosmischen Zahl Vier - es gibt vier Elemente, vier Jahreszeiten, vier Ecken der Erde, vier Pferde im Viergespann der Sonne, vier Himmelslichter, etc.[28]

Die Beschreibung der „göttlichen Ankunft" Diokletians und Maximians in Italien und ihres Zusammentreffens in Mediolanum im Winter 290–291[29] vermittelt ein Bild von den Vorstellungen, die mit den Kaisern als *dei praesentes* verknüpft waren. Der Winter verwandelt sich in Frühling; das Herannahen der Kaiser leuchtet über die Gipfel der Alpen hinweg, ganz Italien erglänzt in einem helleren Licht; nicht nur Menschen, sondern auch Tierherden, die ihre Wälder und fernen Weiden verlassen, strömen herbei, wo immer die Kaiser vorüberfahren. Die ganze Bevölkerung feiert, alle Altäre sind mit Flammen geschmückt, man opfert Wein und Tiere, den Altären entströmt ein Weihrauchduft; überall Freude, Tanz und Beifall. „Man sang den unsterblichen Göttern Lobeshymnen und Dankgebete, man rief Jupiter nun aus nächster Nähe an - nicht so, wie er in der üblichen Vorstellung erschien, sondern als sichtbar und körperlich Anwesenden *(conspicuus et praesens Jupiter)*. Herkules wurde nicht als Fremder, sondern in der Person des Kaisers selbst angebetet."[30] Das göttliche Imperium durchdringt die Natur und die Elemente. „Wo immer Ihr seid, selbst wenn Ihr Euch in ein und denselben Palast zurückgezogen habt - überall ist Eure Göttlichkeit gegenwärtig, die ganze Erde und alle Meere sind von Euch erfüllt."[31]

Die Kaiser stehen nun als Götter über dem Imperium, das sie regieren. „Eure unsterbliche Seele ist größer als jede Macht, jedes Schicksal, ja sogar größer als das Imperium" – *ipso est maior imperio*.[32] Ihre Macht ist absolut, ihr Recht, die Welt zu formen, der Menschheit Freiheit zu geben oder sie zu binden, unbegrenzt. Unabhängig vom Senat und vom Heer kann Jovius Diocletianus selbst Kaiser schaffen, d. h. seine Mitkaiser und Nachfolger ernennen, die – von ihm geschaffen – Götter sind. Die Kaiser sind, wie es in einer Inschrift heißt, „von Gott geboren und erschaffen selbst wieder Götter."[33] In Wirklichkeit ist Jupiter selbst, der *summus pater*[34] aller Kaiser, bei der Amtseinsetzung anwesend und adoptiert den neuen Augustus oder den neuen Caesar als seinen Sohn. Die Titel Jovius und Herculius, die den Caesaren der Jahre 293 und 305 am Tage ihrer Ernennung verliehen wurden, stellten eine Rechtfertigung ihrer Wahl dar: Jupiter selbst hatte gewählt.[35]

So ruhte der tetrarchische Staat fest und unbeweglich in der ewigen Weltordnung. In der Verfassung und Verwaltung des Staates, in Finanzreformen sowie wirtschaftlichen und sozialen Stabilisierungsmaßnahmen, in Krieg und Frieden, in Kultur- und Religionspolitik – überall war das Jupiter-Imperium Diokletians als regulierende Kraft gegenwärtig. Die in allen Lebensbereichen durchgeführten Reformen führten eine einzige, von den Göttern gewollte Ordnung ein. Als Jovii und Herculei gehörten die Kaiser einer höheren Welt an, „où ils ont trouvé une sorte d'harmonie préétablie qu'aucun d'eux ne pouvait contester ou changer" (W. Seston). Die Regelmäßigkeit und Gesetzmäßigkeit dieser höheren, ewigen Welt stieg nun, mit dem Reformwerk Diokletians, in unsere weltliche Realität herab, und die verwirrend vielfältigen, eigensinnigen und widerspenstigen natürlichen Formen wurden den strengen Linien einer jenseitigen Ordnung und Symmetrie entsprechend angeordnet und aneinandergereiht.

Wir wollen nun sehen, wie die Tetrarchie diese neue Ordnung in einigen zentralen Lebensbereichen des Staates und des Individuums organisierte.

Die tetrarchische Staatsverwaltung

Ein charakteristisches Merkmal der Verwaltungsreform war die Aufsplitterung der großen, organischen Provinzterritorien in kleinere, einheitliche und einander gleichgestellte Teile. Diese ungefähr hundert – wurden dann zu zwölf größeren Verwaltungseinheiten *(dioeceses)* zusammengefaßt. Auch Italien und Ägypten wurden, trotz ihres besonderen, historisch bedingten Status, dem allgemeinen Schema entsprechend organisiert: Sie wurden in kleine, zu Diözesen verbundene Provinzen eingeteilt.[36] In Übereinstimmung mit dem einheitlichen Charakter der neuen kleinen Provinzen trugen alle Provinzstatthalter denselben Titel: den des Richters *(iudex)*. An der Spitze einer jeden Diözese standen die *vicarii* stellvertretend für die vier Prätorianerpräfekten,

93

während die Präfekten selbst die höchstrangige Unterteilung des Imperiums vertraten – die vier Präfekturen, die der göttlichen tetrarchischen Ordnung entsprachen. Innerhalb der Regierung all dieser Verwaltungseinheiten – Provinz, Diözese, Präfektur – wurde eine vertikale Trennungslinie zwischen der zivilen und der militärischen Verwaltung gezogen (eine Ausnahme bildeten jene Fälle, in denen Verteidigungseinrichtungen von einer unmittelbar bevorstehenden Gefahr bedroht waren). *Iudices* und *vicarii* und später auch die Präfekten sollten im Prinzip nur Zivilbeamte sein. Daneben gab es dann die militärischen Befehlshaber *(duces)*.

Innerhalb dieser schachbrettartigen Unterteilung der Territorien in neue, gleichgestellte und einheitlich in drei Ebenen angeordnete Verwaltungseinheiten kam ein Teilungsschema zur Anwendung, das für das tetrarchische System charakteristisch war. Hier sehen wir einen Aufbau, der sich mit der in der damaligen Kunst und Architektur üblichen Komposition entsprechend eines geometrischen Koordinatensystems vergleichen läßt (Abb. 45, 46). Das Komplexe und Zusammengesetzte wurde nicht etwa in seine natürlichen Bestandteile aufgelöst, sondern in mathematischer Weise eingeteilt und erschien nach dieser Aufteilung in Form regelmäßiger, gleicher Bestandteile. Und doch war diese „Verwaltungsgeometrie", ebenso wie das tetrarchische System, nicht Teil eines vorher festgelegten Planes, sondern das Ergebnis der historischen Umstände. Sowohl die Aufteilung der Provinzen als auch die Trennung von ziviler und militärischer Verwaltung sollte die Machtkonzentration zersplittern und dadurch eine Usurpation verhindern – die in dem riesigen Imperium stets gegenwärtige, latente Gefahr.

Gleichzeitig vollendete Diokletian die Integration der Stadtbehörden in den Staat, durch die jene die letzten Reste eines organischen Eigenlebens verloren. Wie wir gesehen haben, wurden die verschiedenen Bürgerämter in den Städten allmählich zu obligatorischen Pflichten oder Diensten, die den wohlhabenden Bürgern auferlegt wurden; und sie wurden in zunehmendem Maße gemäß den Interessen des Staates und weniger entsprechend denen der Stadtbehörden organisiert. Die Beamten der Stadtbehörden, ihre öffentlichen Organisationen, ja sogar einzelne Bürger aus den besitzenden Klassen wurden jetzt der Autorität der Provinzstatthalter unterstellt; diese wiederum kontrollierte die kaiserliche Zentralverwaltung durch ihre Stellvertreter. Auf diese Weise zog die Zentralverwaltung – die Spitze einer Hierarchie von Beamten, deren Autorität zur Spitze der Pyramide hin immer größer wurde – magnetisch alle Aktivitäten zu sich hin: zu dem Kaiser in seinem *consistorium*.[37]

Während der frühen Kaiserzeit wurde die Eintreibung von Staatseinkünften, beispielsweise Steuern und Zollgebühren, Privatleuten *(publicani)* anvertraut, die durch diese Tätigkeit reich werden konnten. Später übergab man städtischen Beamten und Mitgliedern des Stadtrats die Eintreibung dieser staatlichen Einkünfte. Im 3. Jahrhundert dann machte, wie wir gesehen haben, eine zunehmend härtere Besteuerungspolitik diese Eintreiber – Vertreter des wohlhabenden Bürgertums – persönlich für den vollen Ertrag dieser Außenstände haftbar.

Diokletian führte nun eine neue Bemessungsgrundlage ein, die eine gründliche und systematische steuerliche Nutzung aller vorhandenen Werte ermöglichte.[38] Die eigentümliche, von Diokletian geschaffene spätantike Steuer, die als *capitatio* (Kopfsteuer) bezeichnet wurde, führte zusätzlich zu dem traditionellen *iugum* noch eine neue Einheit *(caput)* als Grundlage für die Besteuerung ein. Zur Vermögenssteuer kam eine „Kopf-" oder „Personen-"Steuer *(caput)* hinzu. Während die traditionelle Steuerbemessungsgrundlage *(iugum)* nur auf Landbesitz angewandt wurde, bezog sich das diokletianische *caput* nicht, wie man eigentlich annehmen sollte, nur auf Menschen, sondern ebenso auch auf Tiere und Land. Dasselbe Wort, *capitatio*, bezeichnete unterschiedslos die Steuer, die für die das Land bearbeitenden Menschen zu entrichten war, und jene, die für das Land selbst und die von ihm lebenden Tiere erhoben wurde. Als steuerliche Größen sind *iugum* und *caput* also gleichwertig. So zeigt das Steuerregister in manchen Bezirken, daß *capita* und *iuga* zusammengezählt wurden, da sie beide unter dem Begriff ζυγοκέϑαλα vereinigt wurden.[39]

Piganiol nimmt an – und Seston teilt diese Ansicht –, daß die gemeinsame steuerliche Veranlagung von Menschen *und* Land in dem Begriff *capita* praktischen Erwägungen entsprach und von den historischen Gegebenheiten angeregt wurde – von jenem Chaos, in das Diokletian eingriff und das auch im fiskalischen Bereich die Zeit der Auflösung in der 2. Hälfte des 3. Jahrhunderts kennzeichnete. Die Inflation machte die Forderung, Steuern in Form von Sachwerten – insbesondere Getreide, aber auch Rohstoffen und Fertigwaren – einzutreiben, immer dringlicher. Überall befanden sich Heere auf dem Marsch, und überall drohten Requisitionen von Vorräten, welche die *annona* des Heeres (seinen Bedarf an der jährlichen Getreideversorgung) sicherstellen sollten. Die diokletianische *capitatio* scheint die durch diese militärischen Requisitionen praktizierte Besteuerung im Schnellverfahren zu einer Dauereinrichtung erhoben zu haben. Durch eine rasch durchgeführte Schätzung des bebauten Landes, des Viehs und der Anzahl arbeitender „Köpfe" auf einem Anwesen konnte man ermessen, welchen Besitz es darstellte, und den Umfang der Requisition festsetzen. Mit der systematischen Auswertung aller Vermögenswerte ergab es sich ganz natürlich, daß man einen Maßstab benutzte, der sich auf alles anwenden ließ; die Maßeinheit, für die man sich entschied, war jene landwirtschaftliche Erzeugnismenge, die einem *caput* (d. h. den Bedürfnissen eines einzelnen Landarbeiters) entsprach.[40] So entstand ein allzu vereinfachtes, verallgemeinerndes System, das aber den Veränderungen im wirtschaftlichen Leben und in den Gesellschaftsstrukturen der verschiedenen Provinzen nicht angepaßt war.[41] Ein solches Besteuerungssystem, das das Land und seine Bewohner in einen Topf warf, begünstigte gleichzeitig die allgemeine Tendenz zur Bindung des Bauern und Pachtbauern an die Scholle, auf der er geboren war.

Zu Beginn seiner Herrschaft strebte Diokletian mit seinen Reformen eine schnelle Lösung an und war einstweilen damit zufrieden, die *annona* durch Schätzungen im Schnellverfahren zu erheben. Bei der Steuerreform des Jahres 297 wurden die Besitzungen gezählt und Land, Tiere und Menschen genau geschätzt, und dann setzte man in Übereinstimmung mit der göttlichen Vorsehung des Kaisers die entsprechende Zuteilung der *capita* fest. „Nos empereurs très prévoyants, Dioclétien, etc.... ont décidé... de publier un règlement salutaire (τὺποv σωτηρıοv), auquel on doit se conformer pour fixer les impôts. Quelle charge a été imposée à chaque aroure, d'après la qualité de la terre, e quelle charge à chaque tête de paysan, et depuis quel âge jusqu'à quel âge, il est loisible à tous de la connaître... Après avoir été gratifiés de si grands bienfaits, que les provinciaux s'empressent de payer leurs impôts très promptement, conformément aux règles posées par la décision divine, et qu'ils n'attendent pas l'intervention des compulsores."[42]

Von besonderer Bedeutung ist unserer Ansicht nach die Tatsache, daß die *capitatio* Diokletians Personen und Gegenstände als gleichwertig ansah, so daß sie für Besteuerungszwecke als ζυγὸ κέθαλα zusammengezählt werden konnten. Ein Bauer zahlte für sich selbst oder seinen Arbeiter dieselbe Menge landwirtschaftlicher Erzeugnisse (oder das Entsprechende in Waren), die er auch für eine bestimmte, festgesetzte Fläche seiner Besitzung oder eine bestimmte Stückzahl Vieh entrichten mußte. „Une côte fiscale est crée dans l'abstrait, le caput, et dans ce moule tout sera jeté, les hommes et la terre, et les animaux qui vivent de la terre."[43] Auch hier begegnet uns wieder die eigentümliche Einstellung der Spätantike, die sich nicht mit der Individualität und dem Wesen der Dinge befaßt, sondern alles auf ein und denselben gemeinsamen Nenner bringt, Formen zu homogenen Einheiten reduziert und in endlosen Reihen zusammenfügt. Hiermit lassen sich die Beobachtungen vergleichen, die wir im Zusammenhang mit der spätantiken *spolia*-Architektur gemacht haben, wo Bauelemente mit ganz verschiedenen Funktionen und Formen innerhalb der strukturellen Gesamtheit einander angeglichen und damit gezwungen wurden, ein und dieselbe Funktion zu erfüllen.

Diokletians Bemühungen, die Währung zu stabilisieren, waren ein Versuch, die gefährliche Inflation zu überwinden, die in Kriesenzeiten im 3. Jahrhundert entstanden war, dann, wenn Notlagen – wie auch schon in früheren Zeiten des römischen Imperiums – zur Prägung im Wert verminderter Münzen führten. Diokletian setzte damit die Bestrebungen des Kaisers Aurelian fort. Wie Aurelian ging er wieder zur Prägung vollwertiger Gold- und Silbermünzen über *(aureus* zu 1/60 Pfund, *argenteus* zu 1/96 Pfund, wie unter Nero). Das Kupfergeld *(follis, radiatus* und *denarius communis)* bestand jedoch nach wir vor nicht aus vollwertigem Kupfer. Die zu hohe Bewertung der Kupfermünzen im Vergleich zum Gold und Silber führte zu Störungen in dem neuen Währungssystem. *„Valutarische Gewaltstreiche"* – um Reglings Ausdruck zu gebrauchen – zerstörten am Ende das Vertrauen in Diokletians Finanzsystem völlig und führten einen zunehmenden Preisanstieg im Imperium herbei.[44]

Um die Preise zu stabilisieren, schritt Diokletian im Jahre 300 n. Chr. mit seinem berühmten Preisgesetz ein. Dieses Gesetz legte einen Maximaltarif fest, der alle Preise für Waren, Löhne und Gehälter auf der Basis des *denarius* als kleinster Währungseinheit regelte (der Wert des *denarius* wurde auf 1/50 000 Pfund Gold veranschlagt).[45] Im Vorwort zu der Preisliste wird eine Erklärung für die Festsetzung eines solchen Maximaltarifs gegeben: Dieser Eingriff in das Wirtschaftsleben, so lesen wir, gründe sich auf eine ewige, gottgewollte gesetzliche Ordnung, die durch die individuelle Profitsucht verletzt werde. Wir geben hier die in diesem Vorwort angeführten Hauptgedanken wieder.

Das Vorwort erwähnt „die unbändige Habsucht, die ohne jegliche Rücksicht auf die Menschheit *(sine respectu generis humani)* hastig ihrem eigenen Gewinn zustrebt und ihr Eigentum mit einer Geschwindigkeit vermehrt, die nicht Jahre oder Monate oder Tage in Betracht zieht, sondern nur Stunden und sogar Minuten." Diese „unbändige Habsucht" und „unbezähmbare Gier" *(avaritia, cupido furoris indomiti)* des einzelnen befindet sich im Konflikt mit dem „Allgemeinwohl" *(fortunae communes; communis necessitudo)* und macht viele Menschen zu „Feinden sowohl der individuellen als auch der universalen Ordnung" *(inimici singulis et universis rebus)*. Diese „hemmungslose Gewinnsucht" *(effrenata libido rapiendi)* läßt sich weder durch reiche Vorräte noch durch ertragreiche Jahre mildern. Vor allem das Heer ist von ihr betroffen. Durch die „ungeheuren Preise, die sich mit Worten gar nicht beschreiben lassen . . . , beraubt schon ein einziger Kauf den Soldaten seines Gehaltes und seiner Gehaltszulage, und die Beiträge, die die ganze Welt zur Unterstützung der Heere leistet, fallen dem widerwärtigen Gewinn von Dieben anheim. So scheinen unsere Soldaten die ganzen Hoffnungen ihres Dienstes und ihrer vollbrachten Arbeit eigenhändig den Wucherern anzubieten – mit dem Ergebnis, daß jene, die die Nation ausplündern, ständig mehr einnehmen, als sie selbst gebrauchen können."

In Anbetracht all dessen, so wird in dem Erlaß erklärt, ist ein Eingreifen des Staates notwendig. „Wir (die Kaiser) – die Beschützer der Menschheit – sehen uns angesichts dieser Sachlage genötigt, mit der Herrschaft der Gerechtigkeit einzugreifen, damit durch unsere Voraussicht und zur Besserung des Zustandes für alle die langerhoffte Lösung zustandekommen kann, die die Menschheit selbst nicht schaffen konnte. ... Es ist daher unser Wille, daß die in der beigefügten Übersicht aufgelisteten Preise in unserem ganzen Imperium eingehalten werden.... Für Einkäufer und Händler, die in fremde Häfen und Provinzen zu reisen pflegen, sollte dieses allgemeingültige Edikt eine Warnung sein; auch sie sollen wissen, daß es keine Möglichkeit gibt, in einer Zeit hoher Preise die festgesetzten Höchstpreise zu überschreiten, etwa durch Einbegreifen des Ortes oder der Transportkosten..., und die Gerechtigkeit unserer Verordnung, die es jenen, die Waren befördern verbietet, irgendwo zu höheren Preisen zu verkaufen, soll offenkundig sein."

„Da die Furcht schon immer als der einflußreichste Lehrer der Pflichterfüllung betrachtet worden ist, soll nach unserem Willen jeder, der sich der in dieser Gesetzesvorschrift bekanntgemachten Anordnung widersetzt, für diese Dreistigkeit die Todesstrafe erleiden. ... Die gleiche Strafe erhält, wer sich, weil er etwas kaufen will, mit der Habgier des Händlers gegen diese Vorschrift verschwört. Auch jene sind nicht von dieser Strafe ausgenommen, die das zum Leben und für die Geschäfte Notwendige zwar besitzen, aber meinen, sie könnten es vom allgemeinen Markt zurückziehen, um dieser Regelung zu entgehen. ... Wir appellieren daher an die Loyalität aller unserer Untertanen und fordern sie auf, ein Gesetz, das um des Gemeinwohles willen geschaffen wurde, mit willigem Gehorsam und geziemender Gottesfurcht zu befolgen."

Das Profitstreben des einzelnen wird also dem „Gemeinwohl" *(fortunae communes)* gegenüber gestellt, das auf einer das Individuum übergreifenden „universalen Ordnung" *(res universae)* beruht. Das göttliche Imperium, das die Verwirklichung dieser höheren Ordnung auf Erden darstellt, setzt der Gewinnsucht die Herrschaft der Rechtschaffenheit *(arbitram justitiam)* entgegen und stellt durch seine weise Vorsorge die höhere Ordnung her, welche die Menschheit selbst nicht erreichen kann. All das tut es um des Gemeinwohls willen *(ad comune omnium temperamentum)*. Das Preisgesetz beruht fest und unabänderlich auf den *res universae* und muß mit frommer Ergebenheit und Gottesfurcht *(devotio* und *religio)* aufrechterhalten werden; wer dieses Gesetz übertritt, sündigt gegen die göttliche – und kaiserliche – Lebensordnung und hat sein Leben verwirkt.

Wie abstrakt und von den Realitäten des Lebens losgelöst das diokletianische Preisgesetz war, zeigt sich deutlich an der Tatsache, daß der festgesetzte Maximaltarif in der gesamten römischen Welt *(totus orbis)*, an allen Orten und zu allen Zeiten, im Einzel- und im Großhandel unwandelbar derselbe blieb. Wieder überspringt der Blick das Konkrete und Realistische und strebt über das Detail und die Differenzierung hinaus, um an den erhabenen Konturen der *res universae* haftenzubleiben.

Die Kultur- und Religionspolitik Diokletians

Diokletian betrachtete sich als Römer und wollte den römischen Staat, die römische Religion und Moral, römische Sitten und Gebräuche, die römische Zivilisation erneuern. Anstelle des *Sol Invictus*, der seit der Severerzeit und in noch höherem Grade nach Aurelian in der Religion des Imperiums die zentrale Stellung eingenommen hatte, erscheinen nun, wie wir gesehen haben, wieder der nationalrömische Jupiter, der Herr des Kapitols, und Herkules, der Held des Palatin. Diokletians besondere Beziehung zu Jupiter erfüllt ihn mit einer unverfälscht römischen Religiosität. Seine Zeitgenossen setzen seiner *pietas* ein Denkmal: „Wie groß ist Eure Frömmigkeit gegenüber den Göttern," spricht ein Panegyriker zu den beiden Augusti. „Ihr habt sie mit Altären und Statuen, mit Tempeln und Opfern überhäuft, die Ihr mit Eurem Bildnis und Eurer Namensinschrift verschönert und durch Eure eigene beispielhafte Götterverehrung noch heiliger gemacht habt. Jetzt verstehen die Menschen ohne Zweifel, welche Macht den Göttern innewohnt, wenn Ihr sie so inbrünstig anbetet."[46] Die Belohnung für diese kaiserliche Frömmigkeit ist das Glück des gesamten Imperiums *(Felicitatem istam, optimi imperatores, pietate meruistis).*[47] Dieses durch die *pietas* der Kaiser erworbene Glück bedeutet ein neues goldenes *saeculum* und immerwährenden Frieden. In einer Inschrift aus dem Jahre 291 wird Diokletians als des „Begründers des ewigen Friedens" gedacht.[48]

Eine solche Freude bringende Jupiterreligion sollte alle Römer vereinen, ihre Einheit in Denken und Fühlen fördern und das gesamte Imperium festigen.[49] Aus der Jupiterreligion ergibt sich das Ideal der römischen Zivilisation: *disciplina legesque Romanae.* Trotz erheblicher ethnischer Unterschiede mußte die gesamte bewohnte Welt den Richtlinien der römischen Disziplin und des römischen Rechts gemäß einheitlich gestaltet werden. Daher trachtete Diokletian danach, die Einflußbereiche des römischen Rechts so weit wie möglich auszudehnen und die eindringenden nicht-römischen, insbesondere griechischen Elemente aus dem Rechtssystem des Imperiums zu entfernen.[50] Das römische Recht wurde zu einer Hauptstütze bei der Romanisierung der Provinzen. Doch der eigentümliche Charakter dieses Rechts erforderte Latein als Gerichtssprache. Daher sandte Diokletian lateinische Redner und Grammatiker in die griechischsprachigen östlichen Provinzen. Selbst in Ägypten, das bis dahin eine Sonderstellung eingenommen und ein wenig abseits gestanden hatte, wurde Latein zur Rechtssprache; und sogar auf Münzen wichen die griechischen Inschriften den lateinischen. Das Dominat kümmerte sich nicht um das ursprüngliche, eigenständige Leben der östlichen Bevölkerung, sondern suchte die lateinische Verwaltungssprache allmählich im gesamten griechischsprachigen Osten einzuführen. Dies war ein weiteres Ergebnis des allgemeinen Gleichstellungs- und Vereinheitlichungsprozesses, den Kornemann als Diokletians „Drang nach Gleichmacherei, Vereinfachung, Mechanisierung"[51] beschreibt.

In den Ehegesetzen Diokletians sehen wir ein typisches Resultat dieser Romanisierungsbemühungen. Der Kaiser wandte sich gegen die nachsichtigen Gewohnheiten des 3. Jahrhunderts, die mit der im Weltreich herrschenden komplexen Situation, mit der in diesem intimen Lebensbereich existierenden Vielfalt an Volksbräuchen im Einklang stand. Es gab nun Vorschriften für Eheverträge, und Sippenheiraten wurden verboten, obwohl diese durchaus üblich waren und außerdem in vielen Teilen der östlichen Provinzen einem alten Brauch entsprachen. Die Verordnung führt sehr genau alle erdenklichen Blutsverwandschaftsgrade an, die einen Hinderungsgrund für einen Ehevertrag darstellen könnten – so war es beispielsweise verboten, die eigene Urgroßmutter zu heiraten. *Disciplina legesque Romanae* heißt das lenkende und ordnende Prinzip.[52] „Unserer frommen und religiösen Gemütslage erscheint das, was im römischen Recht als keusches und heiliges Verhalten vorgeschrieben wird, als besonders bewunderungswürdig, und es sollte mit ewiger frommer Verehrung bewahrt werden" *(ea quae Romanis legibus caste sancteque sunt constituta venerabilia maxime videntur atque aeterna religione servanda)*. Bei Übertretungen dieser Gesetze „treibt uns die Disziplin unserer Zeit zum Einschreiten."[53] Hier wurde alles bekämpft, was man als die traditionelle römische Lebensform und Kultur zersetzende Elemente empfand.

Die Einheitlichkeit des religiösen Lebens im Geiste der Jupiterreligion führte zur Verfolgung anderer Religionsgemeinschaften. Inmitten einer Welt der toleranten Sonnenreligion oder kosmischen Religiosität, in der römische und griechische Glaubensvorstellungen mit diversen Elementen ägyptischer, syrischer, kleinasiatischer und persischer Religionen vermischt waren und sie in sich aufgenommen hatten; in einer Welt, in der die traditionelle römische Götterverehrung von hellenistisch-orientalischer Mysterienverehrung, Gnosis, Philosopie und Astrologie durchdrungen waren, entstanden gegen Ende des Jahrhunderts Bestrebungen, die römische Welt unter einer Staatskirche zu einen und zu stärken – Bemühungen, die erst mit der Begründung des christlichen Staates ihre Erfüllung fanden. In einer zuvor in der Antike nicht gekannten Weise (die jedoch Parallelen in dem gleichzeitig im Osten bestehenden Reich, dem sassanidischen Persien, hat) strebte die Welt nach einer Annäherung von Staat und Kirche.[54] Unmittelbar vor Diokletians Zeit hatte Aurelian die syrische Sonnenreligion in romanisierter Form in den Mittelpunkt des Staatskultes gestellt. Diokletian „läßt die Götter der Kaiser zu Führern werden"[55] – mit anderen Worten, er begründete eine Art himmlischer Jupiter-Monarchie. Über der chaotischen, unendlich komplexen religiösen Welt des 3. Jahrhunderts mit ihrer Verschmelzung oder Symbiose vieler verschiedener Religionen erhob sich nun ein wohlgeordneter Olymp mit Jupiter im Mittelpunkt und an der Spitze; und als Widerspiegelung dieses himmlischen Olymps überragte das Jupiterreich auf Erden den Staat. Nichts durfte diese Symmetrie verletzen.

Diokletians Verfolgung fremder Kulte stellte die exakte, den religiösen Bereich betreffende Entsprechung zu dem gleichzeitig stattfindenden Eingriff in alle Bereiche des wirtschaftlichen und gesellschaftlichen Lebens dar. Im Manichäeredikt vom 31. März 297 ging die Tetrarchie mit überaus strengen Bestrafungen gegen die Religion Manis vor: gegen jene Wahnsinnigen und Abscheulichen, die „den älteren Religionen neue und noch nie gehörte Lehren entgegensetzten" *(qui novellas et inauditas sectas veterioribus religionibus obponunt)*. Die Führer dieser Bewegung sollten – „zusammen mit ihren abscheulichen Schriften" *(cum abominandis scripturis)* – verbrannt und ihre Sympathisanten hingerichtet werden. „Denn es ist das größte Verbrechen, sich dem entgegenzustellen, was – von den Vätern bestimmt und beschlossen – seinen festen Platz und seinen sicheren Gang hat."[56]

Dieses gewaltsame Einschreiten gegen die Anhänger Manis war der Auftakt zur tetrarchischen Christenverfolgung – der umfangreichsten und systematischsten, die das römische Imperium jemals durchgeführt hatte. Im Jahre 298 wurde der Waffenstillstand zwischen dem Staat und der Christengemeinschaft, der fast vierzig Jahre lang bestanden hatte, gebrochen.[57] Die Christen hatten es abgelehnt, dem Kaiser zu opfern: das heißt, sie hatten sich geweigert, dem Jupiter auf Erden den obligatorischen Loyalitätsbeweis zu erbringen. Der Staat reagierte mit der Entfernung aller Christen aus seinem Dienst, insbesondere aus dem Heer. Am 23. Februar 303 folgte das erste allgemeine Edikt gegen die Christen. Die Zerstörung der christlichen Versammlungshäuser wurde angeordnet, Kultversammlungen wurden verboten; die heiligen Schriften und liturgischen Bücher sollten ausgehändigt und verbrannt werden; alle Christen wurden geächtet. Kurze Zeit nach dem Erlaß dieses Edikts brach im Kaiserpalast in Nikomedia ein Feuer aus; die Schuld daran schob man den Christen zu. Dieses Ereignis hatte ein weiteres, rigoroseres Edikt zur Folge: Alle christlichen Geistlichen sollten ins Gefängnis gesperrt werden. „Zahllose Scharen wurden an jeglichem Orte eingekerkert. Die Gefängnisse, ehedem bestimmt für Mörder und Grabschänder, waren nun überall angefüllt mit Bischöfen, Presbytern, Diakonen, Lektoren und Exorzisten, so daß dort kein Platz mehr übrigblieb für jene, die wegen Verbrechen verurteilt waren."[58] Ein drittes Edikt ordnete an, man solle die gefangengehaltenen Christen zum Opfern zwingen und dann freilassen. Schließlich kam das blutige vierte Edikt, das allen Christen, Männern, Frauen und Kindern, befahl, entweder zu opfern oder zu sterben. Die Zeit des Martyriums war für die Christen angebrochen.

Das eigentliche Motiv für die Verfolgungen offenbart sich laut K. Stade[59] in dem späteren Toleranzedikt des Galerius. Die Kaiser wollten „nach den alten Gesetzen und der staatlichen Disziplin der Römer alles verbessern" *(iuxta leges veteres et publicam disciplinam Romanorum cuncta corrigere)*; sie wollten „dafür sorgen, daß auch die Christen ... zu guter Gesinnung zurückkehrten". Die Kaiser hätten mit ihren Verfolgungen die Absicht gehabt, „aller Menschen Sinn auf den frommen und geraden Lebensweg zu führen" (πάντων τῶν ἀνθρώπων τὰς διανοίς πρὸς τὴν ὁσίαν καὶ ὀρθὴν τοῦ ζῆν ὁδὸν περιαγαγεῖν).[60] Nur die Jupiterreligion jedoch könne die Menschen auf diesen Weg führen. Im Jahre 303 – zeitgleich mit der Christenverfolgung – wurde auf dem Forum Romanum ein eindrucksvolles Monument errichtet, das dieser Religion sprechenden Ausdruck verleiht: das bereits erwähnte, anläßlich des zwanzigsten Jahrestages der Herrschaft der Augusti geweihte Fünfsäulendenkmal. Die vier Kaiser – die alle miteinander identisch sind – sind um den auf der mittleren Säule stehenden riesigen Jupiter herum angeordnet. Auf jedem der Säulenfüße ist der opfernde Kaiser dargestellt – eine Veranschaulichung seiner *pietas* (Abb. 20). Gleichzeitig werden Münzen geprägt, die Diokletian und Maximian beim Staatsopfer zeigen, begleitet von Felicitas, der Personifikation des Glückes des Imperiums, und umgeben von den Symbolen des Friedens, des Wohlstandes und der Fruchtbarkeit. Die Inschrift lautet: *felicitas temporum*. Durch die *pietas* des Kaisers ist die *felicitas* der Welt gewährleistet.

Felicitatem istam, optimi imperatores, pietate meruistis. So spricht – in Übereinstimmung mit dem Denkmal und den Münzen – der Panegyriker die christenverfolgenden Kaiser an. Es gab jedoch nur eine *pietas*: die mit *disciplina legesque Romanae* übereinstimmende, die der immerwährenden Ordnung Jupiters innewohnte. Wir nehmen hier die Umrisse einer kompakten tetrarchischen Staatsreligion wahr, die das geistige Leben Roms einigen und vereinheitlichen sollte.

Anmerkungen

[1] *Script. hist. aug., Vita Car., Carin. et Num., 12–15.*

[2] Lactantius, *De mort. pers.*, 1, 19.

[3] Siehe oben, S. 7, Anmerkung 10.

[4] *Script. hist. aug., Tyranni Triginta, 1.*

[5] Oertel, *op. cit.*, S. 260 ff.

[6] *Ibid.*, S. 265 ff.

[7] M. Rostovtzeff, *The Social and Economic History of the Roman Empire*, Oxford, 1941, S. 376 ff.

[8] Seston, S. 54, 205 ff. Der Senat wurde für Diokletian als Ausdruck des *consensus omnium*, d. h. der Anerkennung seiner Regierung durch die gesamte Bevölkerung des Imperiums, wichtig. In diesem Sinn ist der *Genius Senatus* beispielsweise auf dem Denkmal dargestellt, das Diokletian auf dem Forum Romanum errichtete (siehe unten, S. 67, Abb. 22).

[9] Seston, S. 59 ff., 76.

[10] Seston, S. 88 f.

[11] Seston, S. 89 ff.

[12] Seston, S. 94.

[13] Seston, S. 100.

[14] Seston, S. 94.

[15] L'Orange. „Ein tetrarchisches Ehrendenkmal auf dem Forum Romanum", *Mitteilungen des Deutschen Archäolog. Instituts, Röm. Abt.*, 53, 1938, S. 1 ff. H. Kähler, *Das Fünfsäulendenkmal für die Tetrarchen auf dem Forum Romanum*, Köln, 1964, S. 5 ff.

[16] E. Kornemann, *Doppelprinzipat... im Imperium Romanum*, Leipzig, 1930.

[17] E. Galletier, *Panégyriques Latins I, Mamertini genethl. Max.*, 11.

[18] *Ibid.*, 7.

[19] *Ibid.*

[20] J. Maurice, *Numismatique Constantinienne*, 1, Paris, 1911, S. 4 f. L'Orange, *Studien*, S. 101 f.

[21] R. Delbrück, *Antike Porphyrwerke*, Berlin, 1932, S. 84 f., Abb. 31–34; S. 91 f., Abb. 35–37. L'Orange, *Studien*, S. 16 ff., Abb. 32–35.

[22] Seston, S. 211 ff. E. Galletier, *op. cit.*, I, *Mamertini paneg. Max.*, 10 ff. Vgl. *Mamertini genethl. Max.*, 2.

[23] *Mamertini paneg. Max.*, 9.

[24] *Mamertini genethl. Max.*, 11.

[25] *Ibid.*, 12.

[26] *Ibid.*, 11.

[27] *Ibid.*, 6.

[28] E. Galletier, *op. cit.*, IV, *Incerti paneg. Constantio Caesari*, 4.

[29] *Mamertini genethl. Max.*, 6.

[30] *Ibid.*, 10.

[31] *Ibid.*, 14.

[32] *Ibid.*, 16; vgl. 2.

[33] Seston, S. 218.

[34] Seston, S. 217 ff.

[35] Seston, S. 231.

[36] Vgl. die Art und Weise, in der Diokletian die Befestigung des *limes* an allen Grenzen vereinheitlichte; von der Sahara bis zur Syrischen Wüste, vom Rhein bis zur Küste Britanniens herrscht nun in den *castra* und allen Verteidigungsanlagen des *limes* eine nie gekannte Gleichheit (Seston, S. 297).

[37] Seston, S. 343 ff.

[38] Wir erinnern uns an die harten Worte des Lactantius über Diokletians *avaritia* – wie er sich ausdrückt –, die dem Volk neue Steuern aufbürdet, die die Bauern nicht zu tragen vermögen, so daß sie gezwungen sind, ihre Scholle zu verlassen: *ut enormitate indictionum consumptis viribus colonorum desererentur agri (De mort. pers.,* 7).

[39] Seston, S. 275. H. Bott, *Die Grundzüge der Diokletian. Steuerverfassung*, Darmstadt, 1928, S. 40 ff.

[40] A. Piganiol, *RHist*, 1935, S. 1. Vgl. Seston, S. 274 ff.

[41] Kornemann, *Weltgeschichte*, S. 259.

[42] A. Piganiols Übersetzung, *op. cit.*, S. 1 (ebenfalls abgedruckt in Seston, S. 283) des vom Statthalter Ägyptens abgesandten kaiserlichen Dekrets.

[43] Seston, S. 281, 288.

[44] K. Regling, „Münzkunde" in Gercke-Norden, *Einleitung in die Altertumswissenschaft*, II, 2 (4. Aufl.), S. 28 ff. Kornemann, *Weltgeschichte*, S. 263.

[45] Th. Mommsen-H. Blümner, *Edictum Diocletiani de pretiis rerum venalium*, Berlin, 1893. Dem Originaltext ist in Tenney Frank, *Economic Survey of Ancient Rome*, V, S. 307 ff., Baltimore, 1940 eine englische Übersetzung von Elsa Graser („The Edict of Diocletian") beigefügt. In Grasers Veröffentlichung des Tarifs sind auch Inschriftenfragmente eingegangen, die erst nach der Veröffentlichung von Mommsen und Blümner zutage gefördert wurden.

[46] *Mamertini genethl. Max.*, 6.

[47] *Ibid.*, 18; vgl. 6.

[48] CIL, III, 5810.

[49] Kornemann, *Weltgeschichte*, S. 248 ff.

103

[50] K. Stade, *Der Politiker Diokletian und die letzte große Christenverfolgung*, O., 1926, S. 68 ff.

[51] Kornemann, *Weltgeschichte*, S. 270 f. Vgl. R. Laqueur in *Probleme der Spätantike*, 1930, 4, S. 1 ff. Stade, *op. cit.*, S. 67 f.

[52] Stade, *op. cit.*, S. 82.

[53] *Ibid.*, S. 79.

[54] Kornemann, *Weltgeschichte*, S. 241.

[55] Libanius, *Orationes*, 4, S. 331, Ausg. Förster.

[56] Stade, *op. cit.*, S. 160.

[57] Seston, S. 122 ff., 155.

[58] Eusebius, *Hist. eccl.*, VIII, 6, 9.

[59] Stade, *op. cit.*, S. 162 f.

[60] Eusebius, *op. cit.*, IX, 1, 3.

Vorhergehende Seite:
47. Berlin, Staatliche Museen
(Preußischer Kulturbesitz).
Relief mit einem Thron,
auf dem die Attribute weltlicher und
göttlicher Macht dargestellt sind

48., 49. Florenz, Museo del Bargello.
Elfenbeinrelief mit Darstellung der Kaiserin Amalasuntha,
unter einem Ziborium. Oben: Teilansicht

50. Rom, San Paolo fuori le mura.
Das Innere der Basilika vor dem Brand (Stich)

Gegenüberliegende Seite:
51. Rom, St. Peter.
Das Innere der Basilika vor dem Neubau (Stich)
52. Rom, St. Peter.
Grundriß der Basilika und des Portikus vor dem Neubau
53. Rom, San Martino ai monti.
Fresko mit Ansicht der Basilika von St. Peter
vor dem Neubau

TAB·VIII

pag·53

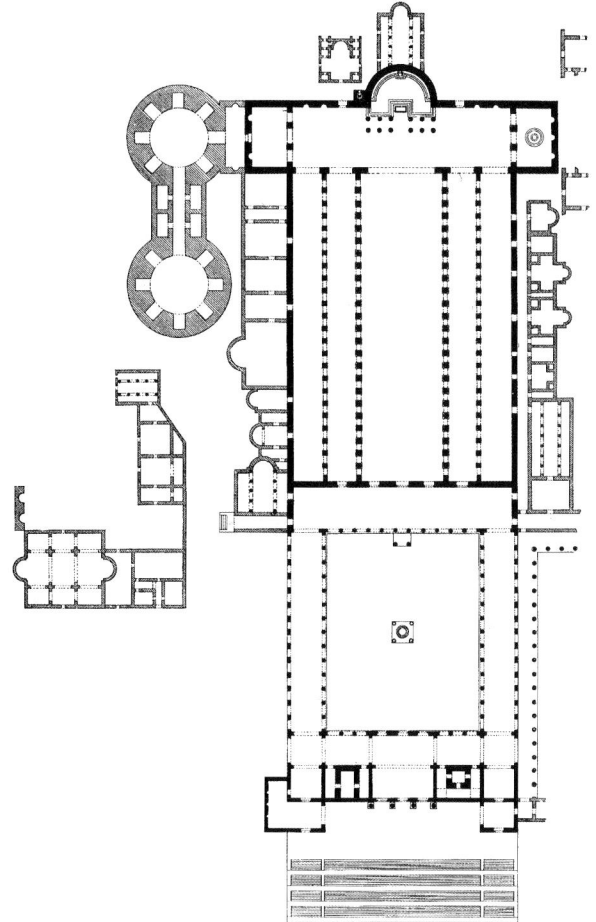

CONTIGNATIOTECTI·PARTIS
VETER·BASILSVB·PAVLO·V·
DEMOLITAE·

S Pietro,

54. G. A. Dosio. Zeichnung der alten Basilika von St. Peter
sowie des Kuppeltambours der neuen Basilika
(Ehemals Florenz, Uffizien, Kupferstichkabinett)

55. Rom, Santa Maria Maggiore.
Das Innere der Basilika nach einem alten Stich

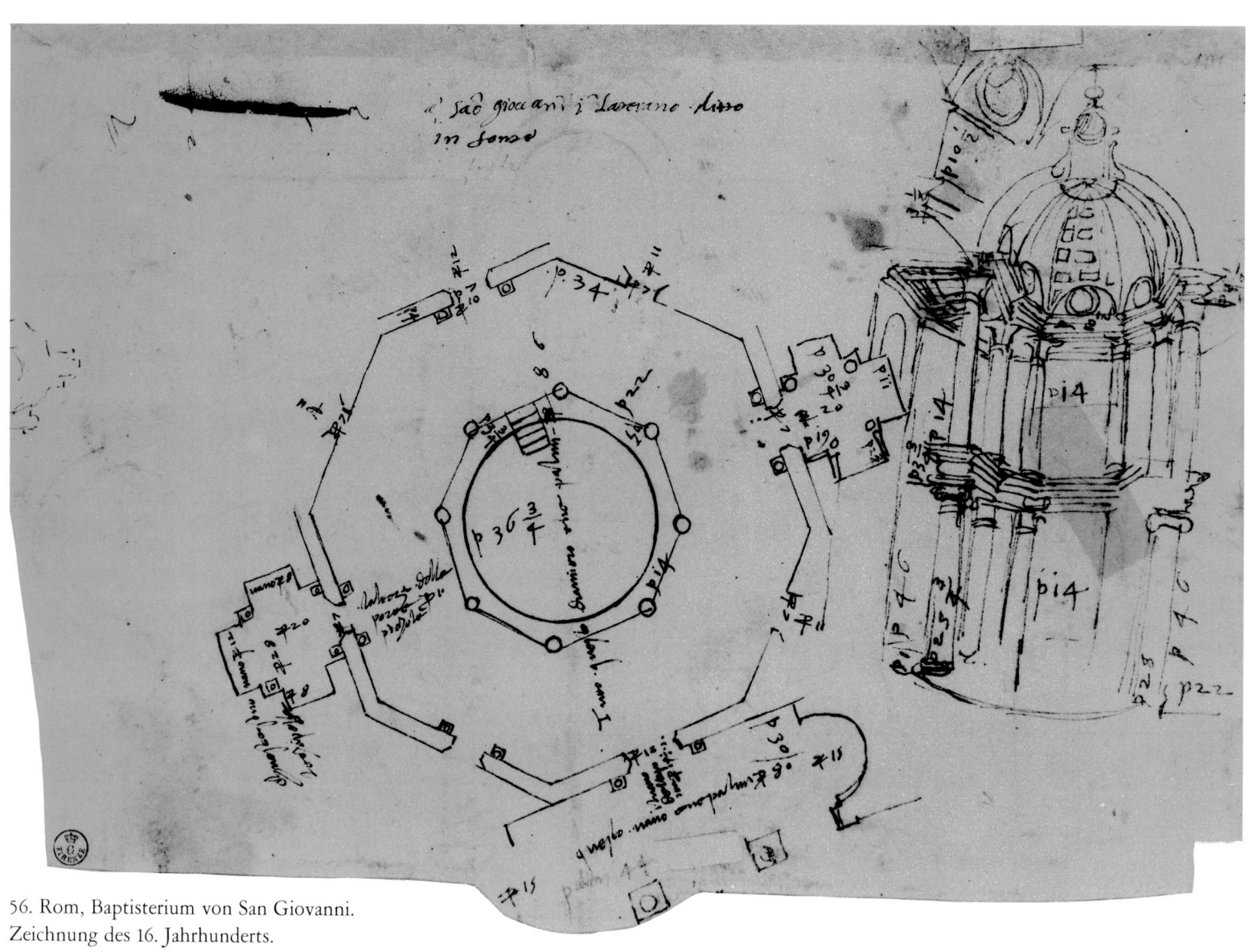

56. Rom, Baptisterium von San Giovanni.
Zeichnung des 16. Jahrhunderts.
Florenz, Uffizien, Kupferstichkabinett

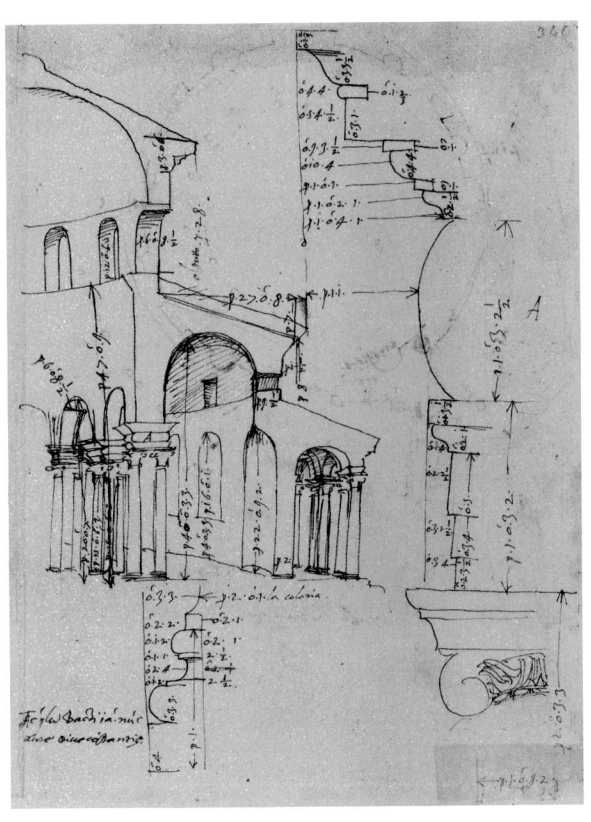

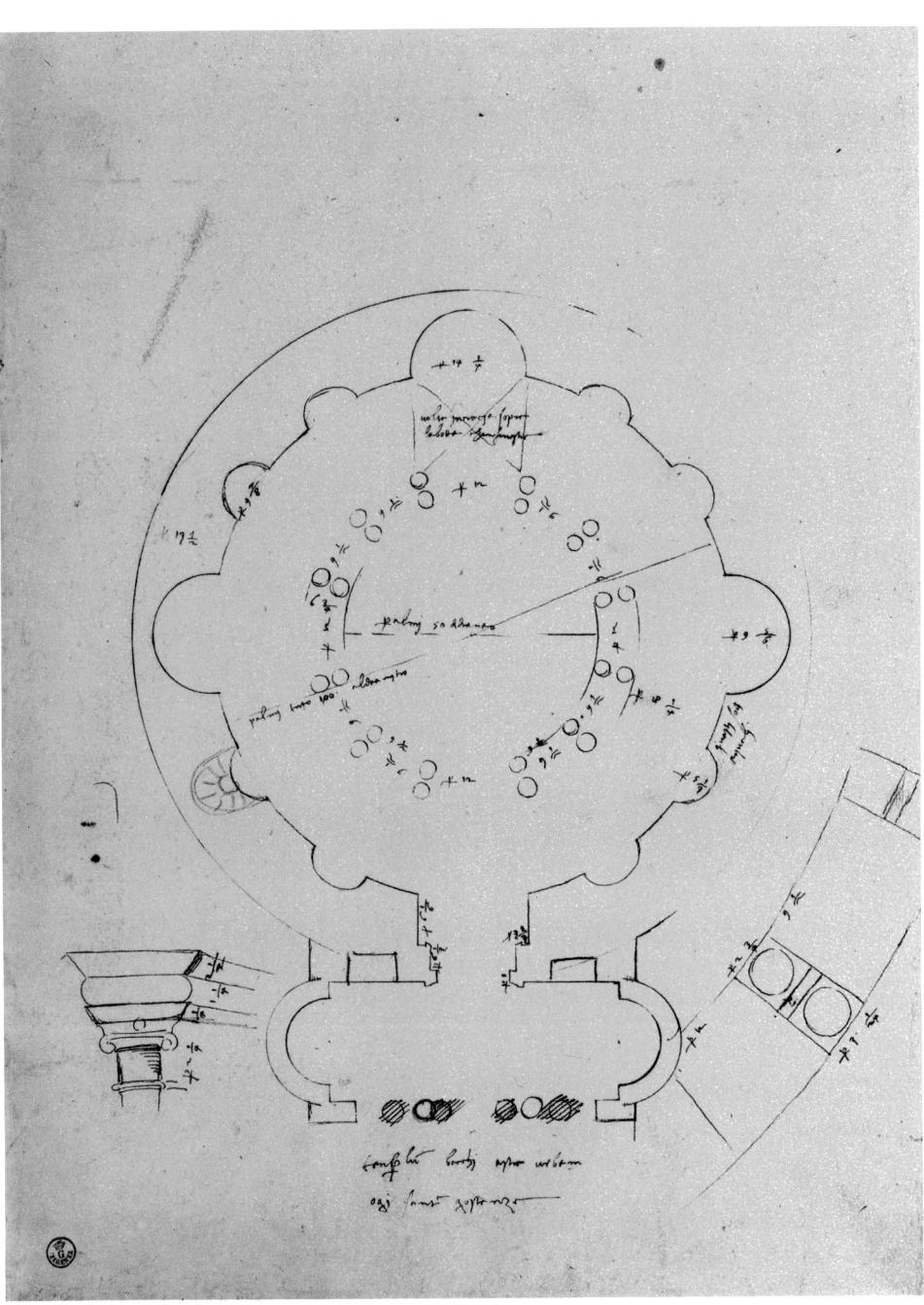

57., 58. Rom, Santa Costanza.
Zeichnungen des 16. Jahrhunderts,
Grundriß und Querschnitt.
Florenz, Uffizien, Kupferstichkabinett

Folgende Seiten:
59. Rom, Baptisterium von San Giovanni. Innenansicht
60. Rom, Santa Costanza.
Teilansicht des Gewölbemosaiks mit Szenen der Weinlese

61. Rom, Villa Borghese, Garten.
Phaetonsarkophag (2. Hälfte des 3. Jh. n. Chr.)

62., 63. Neapel, Museo Nazionale.
Prometheussarkophag (2. Hälfte des 3. Jh. n. Chr.).
Gegenüberliegende Seite: Detail

64. Rom, Katakomben
von San Sebastiano. Detail eines
Sarkophages mit lebhafter
Bemalung. Szenen des Isaakopfers

Folgende Seite:
65. Rom, Detail des
Phaetonsarkophages (Abb. 61)

66. Rom, Konstantinsbogen. Gesamtansicht

Folgende Seiten:
67., 68. Rom, Konstantinsbogen.
Tondo hadrianischer Zeit mit Apollonopfer.
Links, Kopf des Licinius, der den des Kaisers Hadrian
ersetzt

Vorhergehende Seiten:
69. Rom, Konstantinsbogen.
Kopf des Licinius, der den des Kaisers Hadrian ersetzt,
in einem Tondo mit Heraklesopfer
70. Rom, Konstantinsbogen.
Detail des konstantinischen Reliefs
mit der Ansprache Konstantins auf dem Forum Romanum

71., 72. Rom, Konstantinsbogen.
Relief mit der Ansprache Konstantins an die Römer
auf dem Forum, linker Teil

73., 74. Rom, Konstantinsbogen.
Relief mit der Ansprache Konstantins an die Römer
auf dem Forum, rechter Teil

Folgende Seiten:
75. Rom, Konstantinsbogen.
Detail der Geldverteilung vom
1. Januar 313 an das Volk
und die Senatoren: Konstantin
76. Rom, Konstantinsbogen.
Detail der Szene: ein Senator

77., 78. Rom, Konstantinsbogen.
Relief der Geldverteilung vom 1. Januar 313 an das Volk
und die Senatoren, linker Teil

79., 80. Rom, Konstantinsbogen.
Relief der Geldverteilung vom 1. Januar 313 an das Volk
und die Senatoren, rechter Teil

Folgende Seite:
81. Rom, Konstantinsbogen. Reiterfigur

Kapitel 5

Wandlungen in Kunst und Architektur
zur Zeit Diokletians

Wir haben gesehen, wie die traditionellen Organisationsformen sowohl im Leben des Staates als auch in dem des Individuums sich beim Übergang vom Prinzipat zum Dominat veränderten. Die neue Struktur zeichnet sich am deutlichsten im diokletianischen Staat ab. Wir wollen die wichtigsten Punkte des Wandels, den wir in der vorausgegangenen Untersuchung beschrieben haben, kurz zusammenfassen.

An die Stelle der freien, organischen Gruppierung von Individuen und Institutionen traten eine mechanische Koordination der Elemente, Reihenformationen und Symmetrie; alles wurde nach den exakten Ordinaten eines höheren Achsensystems, einer von oben auferlegten Ordnung ausgerichtet. Man hatte keinen Blick für das Individuum, kein Empfinden für die Differenzierungen einer sich organisch entwickelnden Natur; man wußte das Detail und die Vielfalt nicht zu schätzen, sondern schaute in eigentümlicher Weise in die Ferne, folgte den abstrakten Linien der inneren Einheit der Dinge und suchte nach festgelegten, unwandelbaren Konzeptionen, die all diese Dinge umfaßten. Diese Haltung ist gleichzeitig durch Vereinfachung und Stabilisierung gekennzeichnet.

Das neue Modell des Dominats, wie es sich im Leben selbst offenbarte, tritt, wie wir gesehen haben, *explicit* – in dem, was man mit eigenen Augen sehen kann, also mit größter Deutlichkeit – in der zeitgenössischen Kunst und Architektur zutage. Wir haben an anderer Stelle bei einem allgemeinen Überblick über den Wandel der Bauformen zur Spätantike hin bereits gesehen, wie sich in der Architektur eine neue Strukturauffassung entwickelte. Wir werden uns nun in unseren Ausführungen eingehender mit den neuen Lösungen befassen, die man in der Zeit um 300 n. Chr., nachdem der tetrarchische Staat die große Krise der 2. Hälfte des 3. Jahrhunderts überwunden hatte, für Formprobleme fand. Die Kompositionen, denen wir begegnen werden, lassen sich mit Begriffen beschreiben, die denen, die wir bei der Charakterisierung der konstitutionellen Organisation des tetrarchischen Staates und seine Verwaltungssystems verwendet haben, sehr ähnlich sind. Wir wollen zunächst den Kaiserpalast untersuchen und uns als nächstes der christlichen Basilika zuwenden. Danach werden wir uns mit der figürlichen Kunst beschäftigen. Hier ist uns vor allem durch zwei Denkmalgruppen gutes Material aus der Zeit um 300 erhalten, das für eine detaillierte Untersuchung des in jenem entscheidenden Zeitraum stattfindenden Formwandels ausreicht: Die erste dieser Gruppen umfaßt die Reliefskulpturen auf Sarkophagen und öffentlichen Denkmälern, die zweite die Porträtskulpturen.

Der kaiserliche Palast und die Basilika

In der Entwicklung des römischen Kaiserpalastes sehen wir, wie – in Übereinstimmung mit der gesamten Grundtendenz in der Entwicklung der Architektur während der römischen Kaiserzeit – eine eher freie Anordnung der Baueinheiten der streng gebundenen axialen Kompositionen weicht, deren Einzelteile in mehr oder weniger unbeholfener Weise symmetrisch angeordnet werden. Die offenere, villenähnliche Palastarchitektur früherer Zeiten wird von festungsähnlichen Blöcken umschlossen.

Der am besten erhaltene römische Kaiserpalast, der Diokletianspalast in Spalato (Split) an der Küste Dalmatiens (Abb. 44, 45, 46), veranschaulicht den neuen Palasttypus des Dominats.[1] Während in der früheren Tradition – Beispiele hierfür sind etwa die Kaiserpaläste auf dem Palatin und Hadrians Palast in Tivoli – Grund- und Aufriß Unregelmäßigkeiten aufweisen können, die dadurch entstanden, daß neue Teile organisch aus den älteren entstanden, ist Diokletians Palast ein geschlossener stereometrischer Block von mathematischer Regelmäßigkeit. Sein Grundriß besteht aus Rechtecken, die einem strengen Koordinatensystem entsprechend angeordnet sind. Er ist in allen Teilen festgelegt, unwandelbar an eine geometrische Formel gebunden, und hat somit keinerlei Möglichkeit zu weiterem Wachstum und weiterer Entwicklung. Wir begegnen hier dem gleichen Gegensatz zwischen freier Gruppierung und mechanischer Koordination, zwischen organischem Wachstum von innen heraus und einer von außen auferlegten symmetrischen Stabilisierung, den wir als charakteristisches Merkmal aller Beziehungen zwischen dem Prinzipat und dem Dominat aufgezeigt haben. Wir wollen den Palast Diokletians in Spalato genauer untersuchen:

Der Grundriß des Palastes ist annähernd rechteckig, und an jeder der vier Ecken des Rechtecks steht ein mächtiger Turm. Die dem Meer zugewandte Seite des Rechtecks ist als Fassade gestaltet; die drei anderen, zum Land hin gerichteten Seiten sind als befestige, durch Türme gesicherte Mauern gestaltet. Diese schließen den Palast vom Land ab. Durch den ganzen Palast verläuft längs eine Hauptachse, die ein von Türmen flankiertes Portal in der Mitte der Landseite mit einer Säulenöffnung mit drei Säulenzwischenräumen in der Mitte der Seeseite verbindet. Im rechten Winkel zu dieser Hauptachse wird der Palast von einer Querachse durchschnitten. Sie verläuft von einem mit Türmen flankierten Portal in der Mitte der einen Längsseite des Palastrechtecks zu einem ebenfalls von Türmen flankierten Portal in der Mitte der anderen. Entlang dieser beiden Achsen, die zusammen ein Kreuz bilden, verlaufen Säulenstraßen. Die Längsachse ist deutlich als Hauptachse gekennzeichnet: In dieser Achse wird in beständig ansteigenden architektonischen Bewegungen die für die kaiserlichen Zeremonien bestimmte allerheiligste Zimmerflucht *(palatium sacrum)* vorbereitet: Sie besteht aus einem Säulenatrium, einem Vestibül und dem Thronzimmer. Die vier von den Hauptachsen gebildeten Rechtecke sind wiederum in rechteckige Einheiten unterteilt, die alle fest von dem Koordinatensystem des Palastrechtecks umschlossen sind: Das Ganze ist eine rechtwinklige Komposition, die horizontalen und vertikalen Linien folgt und von dem quadratisch-rechteckigen Rahmen beherrscht wird. Das alles entspricht dem neuen Kompositionsmuster, das wir auch in der Bildkunst jener Zeit finden werden.

Daß der Palast in Spalato für die damalige Zeit bezeichnend ist, zeigt sich am Diokletianspalast in Palmyra am Euphrat.[2] Der Palast in Palmyra ist – wie der in Spalato – von einander kreuzenden Achsen durchschnitten, die durch breite Säulenstraßen markiert werden. Diese verlaufen, wiederum wie in Spalato, zwischen befestigten Toren. Auch in Palmyra markiert die Säulenstraße, die die Längsachse bildet, die Hauptachse und führt in das große Säulenatrium, das vor der Flucht der Zeremonienzimmerflucht liegt. Wie in Spalato sind die großen, rechteckigen Baueinheiten, in die der Palast unterteilt ist, in das Koordinatensystem der einander kreuzenden Achsen eingebunden. Die für die Zeremonien bestimmte Zimmerflucht liegt wiederum an der Hinterseite des gesamten Planes; aber in Palmyra erhebt sie sich majestätisch auf einer hohen Terrasse. Diese ist oberhalb des steil abfallenden Geländes errichtet, auf dem die anderen Gebäude stehen und symmetrisch der Hauptachse entsprechend angeordnet sind.

Diese Palastarchitektur Diokletians ist eindeutig von der römischen Militärarchitektur beeinflußt. Der rechteckige Grundriß des Palastes in Spalato, seine befestigten Mauern und seine einander kreuzenden Straßenachsen, die die jeweils in den Seitenmitten befindlichen Tore miteinander verbinden: Das alles gehört untrennbar zu dem römischen befestigten Lager, dem *castrum*. Eine solche Einschmelzung des *castrum* in die Architektur des kaiserlichen Palastes steht absolut im Einklang mit der Militarisierung des Staates und der Verwaltung – ja, der gesamten Lebensweise –, die während des

3. Jahrhunderts stattfand. Wo man vorher die verschiedenen Teile des Palastes mit griechischen Namen (Lyceum, Akademie, usw.) bezeichnet hatte, wurde nun das Wort *praetorium* – es bedeutet „Hauptquartier des Lagerbefehlshabers" – der zur Bezeichnung des Hauptgebäudes im Palastbereich übliche Begriff. Wir sehen hier eine Entwicklung zum befestigten Palast des Mittelalters, der Festung, hin, wo der Palast in der Burg weiterlebt – genau wie das Wort selbst, *palatium*, in dem mittelalterlichen Begriff *Pfalz* fortbesteht. Swoboda weist auf etliche östliche Beispiele dieser Militarisierung von Palastanlagen während der Spätantike und des frühen Mittelalters hin, beispielsweise auf das aus dem 6. Jahrhundere n. Chr. stammende byzantinische Kasr Ibn Wardan im Norden Syriens und auf arabische Wüstenschlösser wie Mschatta. In Kasr Ibn Wardan hat der Palast die Form eines „kubischen Baukristalls" angenommen, bei dem die Fensteröffnungen „das einzige Mittel der Gliederung seiner völlig glatten Fassadenfläche"[3] sind.

Den Kern des Kaiserpalastes bildete eine den kaiserlichen Zeremonien gewidmete Zimmerflucht. Mit der wachsenden Bedeutung des Kaiserkultes in der Spätantike erhält dieser Gebäudeteil eine immer beherrschendere Stellung im Kaiserpalast: Er wird zum Allerheiligsten, zum *palatium sacrum*, in dem der Kaiser selbst wie ein göttliches Andachtsbild in seinem Thronzimmer sitzt.[4] Im Diokletianspalast in Spalato erhielt dieses *palatium sacrum* jene Form, die zum Urbild für die Paläste des Dominats werden sollte.[5] Wir wollen es uns genauer ansehen.

Von der Fassade der Landseite her verläuft, wie wir gesehen haben, eine breite Säulenstraße entlang der Hauptachse des Palastes, kreuzt die ebenfalls säulenbestandene Querstraße und führt dann in die Flucht der Zeremonialräume. Diese besteht aus dem großen, säulenumstandenen Hof *(atrium)*, der die Achse der Säulenstraße fortsetzt und an der Hinterseite in einem Ziergiebel mit drei Säulenzwischenräumen ausläuft; unter diesem der Glorifizierung dienenden Giebel erscheint der Kaiser vor den im Atrium Versammelten. Hinter dem Giebel befindet sich ein kreisförmiges, mit einer Kuppel überwölbtes Vestibül, und hinter diesem liegt das Thronzimmer selbst, das *triclinium*. All diese Gebäudeteile befinden sich auf derselben Achse. Die Rückseite des Thronzimmers öffnet sich auf einen Portikus hin, der sich in der Mitte der Seeseitenfassade des Palastes befindet; hier erschien der Kaiser, wiederum auf derselben beherrschenden Achse, in der Mitte der Seeseitenfassade. Eine große Säulenöffnung mit drei Säulenzwischenräumen rahmte dabei seine göttliche Person ein, ebenso wie es der Glorifizierungsgiebel im Atrium tat, wenn er in der anderen Richtung aus dem Thronzimmer trat.

Das große Säulenatrium war der Versammlungsplatz für den Hof – sogar heute noch ist die Bezeichnung „Hof" von diesem offenen Hofraum in den Kaiserpalästen der

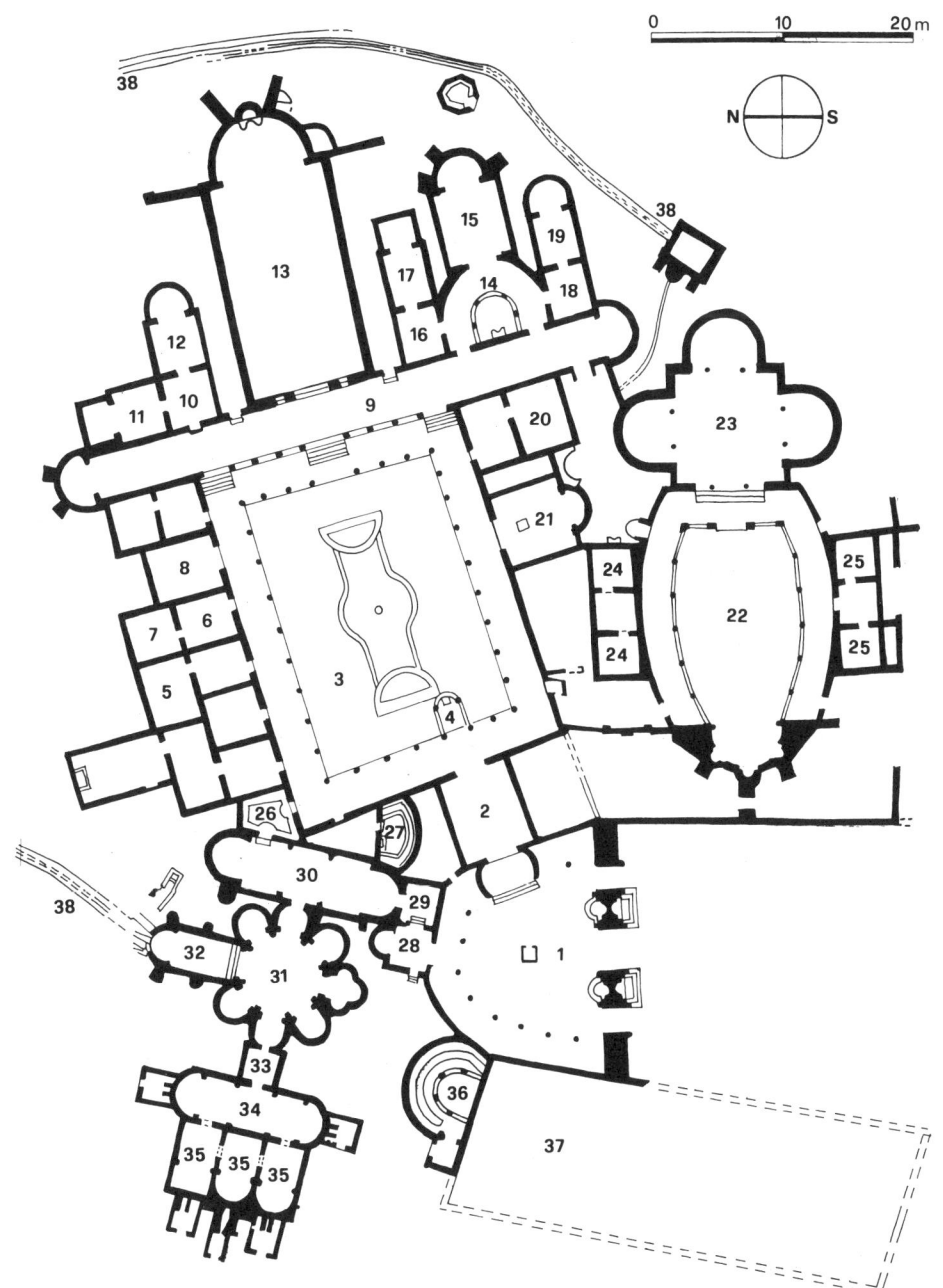

Piazza Armerina (Casale), Spätrömische Villa Grundriß: 1 Eingangsatrium; 2 Tablinum mit „Adventus"; 3 Peristyl; 4 Sacellum mit Apsis; 5 Saal der Tanzszenen; 6 Saal der Jahreszeiten; 7 Saal der fischenden Eroten; 8 Saal der kleinen Jagdszene; 9 Wandelgang der großen Jagdszene; 10 Vestibül des Polyphem; 11 Cubiculum der erotischen Szene; 12 Cubiculum der Früchte; 13 Aula basilicale; 14 Säulenatrium und Exedra mit Meeresszene; 15 Raum des Arion; 16 Vestibül des Eros und Pan; 17 Cubiculum der jagenden Kinder; 18 Vestibül des kleinen Zirkus; 19 Cubiculum der Musikanten und Schauspieler; 20 Saal der 10 Kinder; 21 Saal des Orpheus; 22 Xystus; 23 Aula der Herakleia; 24 Oecus der Weinlese; 25 Oecus der fischenden Eroten; 26 Vestibül; 27 Kleine Latrine; 28 Thermen-Aedicula; 29 Vestibül der Thermen; 30 Wandelgang der Zirkusszenen; 31 Frigidarium mit zentralen Meeresszenen und Badeszenen in den Exedren; 32 Schwimmbecken; 33 Saal der Salbungen; 34 Tepidarium; 35 Caldarium; 36 Große Latrine; 37 Vermutlich Quartier des Personals; noch nicht ausgegraben; 38 Wasserleitung

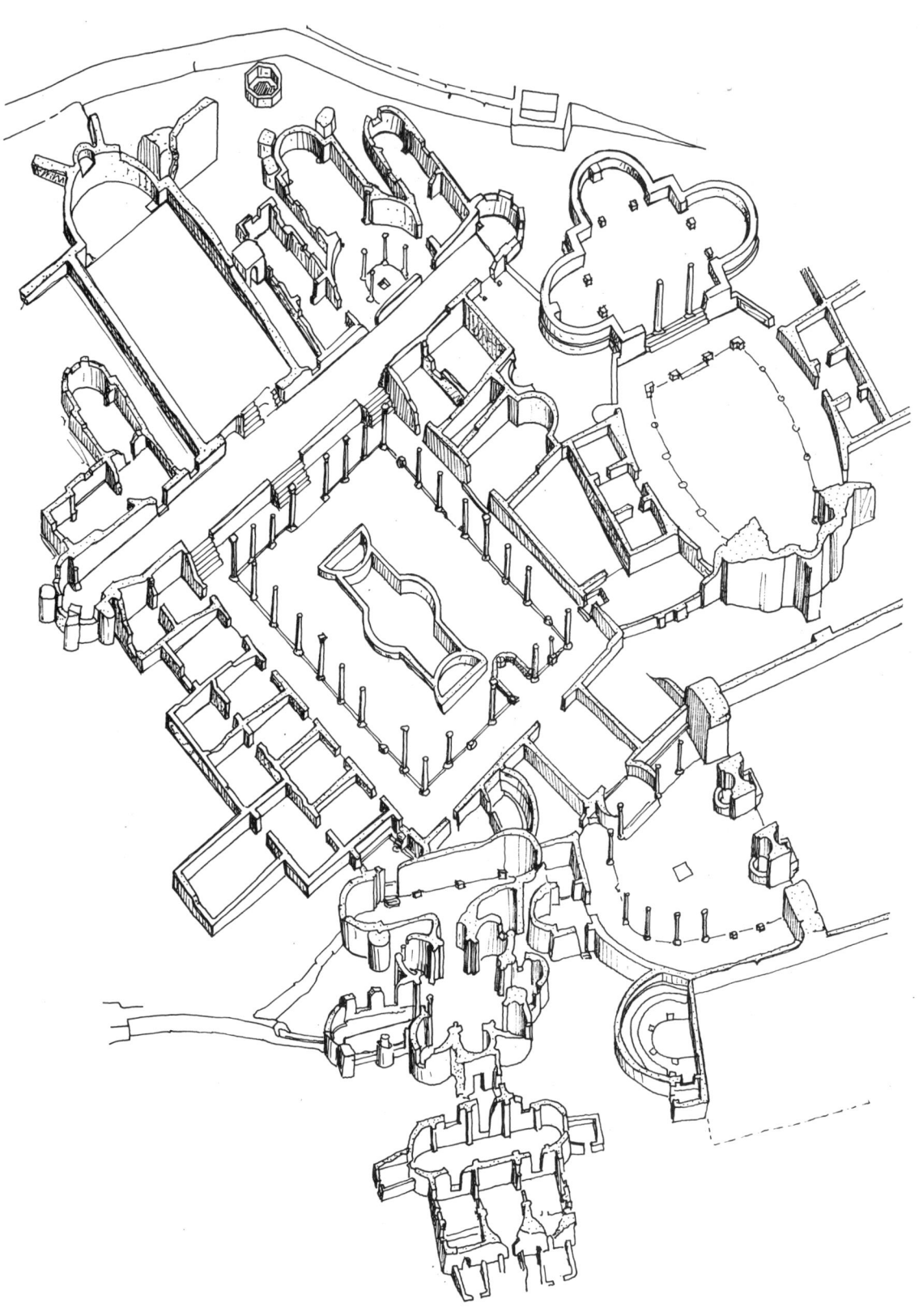

Piazza Armerina (Casale), Spätrömische Villa.
Isometrie

Spätantike abgeleitet: *court, cour, corte, Hof* – und wenn der Kaiser aus den Zeremonialräumen trat und unter dem Prachtgiebel erschien, sanken die in dem säulengeschmückten Hof versammelten Untertanen vor dem Gottkaiser auf die Knie. Jene Privilegierten, denen eine Audienz im Thronzimmer bewilligt wurde, versammelten sich zunächst im Kuppelvestibül hinter dem Prachtgiebel. Von dort schritten sie, umgeben von den Kämmerern und Beamten des kaiserlichen Rituals, in das Thronzimmer und erwarteten dort in geheimnisvollem *silentium* den Augenblick, in dem die schweren Draperien vor dem Allerheiligsten an der Hinterseite des Thronzimmers beiseitegezogen werden würden – jene Vorhänge, die in der Sprache der byzantinischen Hofpoesie als „Wolken" bezeichnet wurden, „die das Licht des Himmels verbergen". Die Wolken teilen sich, und die Sonne kommt zum Vorschein: Jene, die eine Audienz wünschen, sehen den Gottkaiser vor sich. Er thront unter seinem Säulenbaldachin, dem *ciborium* (Abb. 48, 49), ist von angezündeten Fackeln umgeben, erglänzt in Gold und Silber, trägt glitzernde Juwelen, und sein Haupt ist von göttlichem Licht umstrahlt, *lux divinum verticem clare orbe complectens.*[6] Alle fallen auf die Knie, und der Saal hallt von Hymnen, lauten Lobesrufen und jubelndem Beifall wider.

Um dieses *palatium sacrum* in der Hauptachse des Palastes sind die architektonischen Elemente symmetrisch angeordnet. Diese Anordnung ähnelt, wie wir noch sehen werden, dem Kompositionsmuster der zeitgenössischen kaiserlichen Kunst, in der alle figürlichen Elemente symmetrisch um den Kaiser herum gruppiert und ihm untergeordnet (Abb. 71–80, 96–100). Für denjenigen, der die Säulenstraße entlang in Richtung Atrium ging, war die Kaiserachse durch den imposanten Säulengiebel an der Hinterseite des Atriums und durch die hinter dem Giebel emporragende Kuppel gekennzeichnet. Das Mausoleum des Jupiter-Kaisers und der Jupitertempel, die an den beiden Seiten des Atriums direkt einander gegenüberliegen, sind beide der Ordnung dieser Palastachse unterworfen – sogar der Tempel Jupiters! Schon Octavian, der erste Augustus, hatte in Verbindung mit seiner eigenen *domus* seinem Schutzgott einen Tempel errichtet, nämlich den Apollotempel auf dem Palatin; er jedoch hatte seine *domus* dem Tempel untergeordnet. Im Palast Diokletians hat sich die Beziehung geändert; nun steht die kaiserliche Zimmerflucht an erster Stelle, und alles ist der Kaiserachse – der symmetrischen Ordnung des Dominats – entsprechend geordnet.

In diesen axial angelegten kaiserlichen Zimmerfluchten wird jetzt sogar die figürliche Dekoration der Kaiserachse entsprechend angeordnet. Ein ausgezeichnetes Beispiel für die Art und Weise, in der die figürliche Dekoration die aufsteigende Ordnung durch die aufeinanderfolgenden Zeremonialräume hindurch begleitet, findet man in den Bodenmosaiken des kürzlich ausgegrabenen Palastes in Piazza Armerina in Sizilien (Abb. 22–26), über dessen Datierung und Deutung von Archäologen und Historikern in den letzten Jahren viel diskutiert worden ist. Unserer Ansicht nach sind die Zeremonienräume um 300 n. Chr. herum zu datieren und wurden vielleicht von Diokletians Mit-Augustus, Maximianus Herculius, erbaut.[7] Die Portiken der Atrien sind in beiden Folgen von Zeremonialräumen von einem Mosaikteppich bedeckt, der wilde Tiere – Köpfe, Protome, Bestien in Blattwerk – zeigt. Die meisten von ihnen gehören in die Arena. In der größeren der beiden Zimmerfluchten gibt uns das Vestibül, das eine Art engen Narthex zwischen dem Atrium und dem Thronzimmer bildet, die nächste Bewegung in der Mosaikdekoration: Die wilden Tiere, die hier als Ganzes und in ihrer natürlichen Umgebung dargestellt sind, werden von den kaiserlichen Jägern gejagt, eingefangen und über das Meer hinweg zur Arena gebracht. Das riesige, über 60 Meter lange Mosaik zeigt in der beherrschenden mittleren Szene, die sich genau auf der Achse der Zeremonialräume befindet, *vier Männer* mit den typischen tetrarchischen Amtsgewändern und Insignien: Auf diese Weise manifestieren sich der tetrarchische Staat und seine Verwaltung. Die Jagdszenen versuchen sämtliche wilden Tiere des Ostens und des Westens, des Nordens und des Südens zu umfassen, ebenso wie die kaiserlichen Spiele *omnia in toto orbe animalia* einschließen mußten, um die Universalität des Imperiums zu demonstrieren.

Von diesen Bildern geht die blutige Atmosphäre des Amphitheaters aus, wenngleich sie die antike Idee des heroischen Niedermetzelns von Tieren, des Triumphes über die „Bestie" vermitteln – die Idee des großen Bezwingers wilder Ungeheuer, Herkules. Im Thronzimmer selbst, wird diese Herkules-Idee in deutlichen Figuren und Symbolen verherrlicht. Hier, in der kleineren der beiden Zeremonienfluchten, sehen wir die „Arbeiten" des Herkules nach ihrer Vollendung dargestellt – die abgeschlachteten oder eingefangenen Tiere und Ungeheuer, die Hydra, der Zerberus, der Nemeische Löwe usw. liegen um uns her verstreut. Die Symbolik geht sogar noch weiter: Wir sehen, wie Herkules von Jupiter gekrönt wird. Die gesamte Bilddekoration erreicht ihren abschließenden Höhepunkt in der mittleren Apsis. Hier, auf dem „hohen Punkt" der Kaiserachse, ist die *gigantomachia* dargestellt, der Kampf der Olympier gegen die Weltrebellion der Riesen, eine Schlacht, die Jupiter nur mit der Hilfe des Herkules gewinnen konnte. An der entsprechenden Stelle in der größeren Flucht von Zeremonialräumen stand eine Kolossalstatue des Herkules.[8]

In Wirklichkeit offenbart sich in dieser immer weiter entwickelten Ausdeutung der Herkules-Idee der Kaiser selbst. Er selbst ist der heldenhafte Jäger; Herkules-Kaiser wie beispielsweise Commodus konnten daher direkt am Tiergemetzel in der Arena teilnehmen. In solchen Jagden zeigte sich die siegreiche Macht, die unbesiegbar alle bösen „Bestien" zu Boden schlägt, welche die menschliche Ordnung bedrohen: die Macht, die in dem *praesens Hercules*, Maximian, ständig am Wirken ist. Die bedeu-

Fortsetzung Seite 177

144

83. Rom, Konstantinsbogen.
Relief mit der Belagerung Veronas im Jahre 312;
Detail der geflügelten Viktoria, die Konstantin bekrönt

84. Rom, Konstantinsbogen.
Relief mit der Schlacht an der Milvischen Brücke vom
28. Oktober 312;
Detail der beiden mauretanischen Bogenschützen
mit ihren Pfeilen im Haar

85. Rom, Konstantinsbogen.
Greisenfigur als Personifikation
eines Flusses oder des Ozeans,
seitlich an einem der kleineren Bogen
86. Rom, Konstantinsbogen.
Detail einer Viktoria mit Trophäe,
seitlich am Hauptbogen. Darunter
die Personifikation einer Jahreszeit

Vorhergehende Seiten:
87. Rom, Konstantinsbogen.
Basisrelief einer Säule mit Viktoria und unterworfenem
Barbaren
88. Rom, Konstantinsbogen.
Tondo mit der Gestalt des Mondes (Luna),
die in den Ozean eintaucht

89., 90. Thessaloniki, Galeriusbogen. Zwei Ansichten
91. Thessaloniki, Galeriusbogen.
Detail einer Triumphszene mit Elefanten

92. Thessaloniki, Galeriusbogen, Pfeiler
93., 94. Thessaloniki, Galeriusbogen.
Details der kaiserlichen Opferszene

DIFFICILISQVONDAMDOMINIS PARERESERENIS
IVSSVSETEXTINCTISDALMAM OCTARETYRANNIS
OMNIATHEODOSIOCEDVNTSVB OLIOVEPERENNI
TERDENISSICVICTVSEGOD VTVSQVEDIEBVS
IVDICESVRIPROCEOS ELATVSADAVRAS

95. Konstantinopel, Hippodrom.
Basis des Theodosiusobelisken: Inschrift und Relief mit
Zuschauern
96. Konstantinopel, Hippodrom.
Basis des Theodosiusobelisken: Theodosius bei den Spielen

97., 98, Konstantinopel, Hippodrom.
Basis des Theodosiusobelisken: zwei Reliefs

Folgende Seite:
99., 100. Mailand, Sant'Ambrogio.
Frühchristlicher Sarkophag mit Christusszenen:
Vorderseite und Seitenansicht

Vorhergehende Seiten:
106. Rom, Hypogaeum
der Via Latina. Dekoration des
sog. Cubiculums der Kleopatra
107. Rom, Hypogaeum
der Via Latina. Detail
einer der Figuren

108. Rom, Hypogaeum
der Via Latina.
Die Samariterin am Brunnen

Vorhergehende Seiten:
109. Rom, Hypogaeum
der Via Latina. Barlaam
und der Engel

110. Rom, Hypogaeum
der Via Latina. Die Durchquerung
des Roten Meeres
Folgende Seite:
111. Rom, Hypogaeum
der Via Latina.
Die Geschichte Samsons

tendste Manifestation dieser Macht wird in dem Sieg über die aufrührerischen Mächte der Erde, die Kinder Gäas, dargestellt, die sich aus den Elementen gegen den himmlischen Olymp erheben. In diesem mythischen Bild erhalten die Krieg führenden Kaiser – sowohl in der figürlichen Kunst als auch in den Panegyriken[9] – ihre höchste Verwirklichung: Die *gigantomachia*, in der Jupiter und Herkules die zerstörerischen Mächte der Erde in die Tiefen des Tartarus schleudern, ist das vereinende Symbol der beiden kaiserlichen Dynastien.

Die gleiche strenge axiale Anordnung der Raumeinheiten in der gleichen zum Allerheiligsten hin aufsteigenden Rangordnung und die gleiche feste symmetrische Gruppierung der einzelnen Gebäudeteile um diese Achse herum wiederholt sich in der unter Konstantin dem Großen geschaffenen „normal-basilikalen" Kirchenarchitektur. Diese ist in Rom durch so monumentale Bauwerke wie San Giovanni in Laterano, Alt-St. Peter, San Paolo fuori le Mura und Santa Maria Maggiore (Abb. 50–55) vertreten und lebt später in vereinfachten Formen in der mittelalterlichen römischen Basilika fort. Während man früher annahm, die christliche Basilika leite sich von der antiken Markt-Basilika her, heben die Wissenschaftler heute die Unterschiede zwischen der Markt-Basilika und der christlichen Normalbasilika hervor. Die dem weltlichen, alltäglichen Leben gewidmete Markt-Basilika erstreckt sich entlang der Seite des Marktes und bildet eine Art architektonischen Anbau zu ihm, eine Art überdachten Markt. In der christlichen Basilika dagegen, die der christlichen Gottesverehrung geweiht ist, ist die gesamte Architektur axial auf den Mittelpunkt dieser Verehrung an der Hinterseite gerichtet: auf den unter seinem himmlischen Baldachin, dem ciborium, erstrahlenden Altar. Diese Anordnung entspricht genau der Art und Weise, in der das kaiserliche *palatium sacrum* axial zum Mittelpunkt seines Kultes hin ausgerichtet war, nämlich zu dem unter dem ciborium thronenden Kaiser. Ja, genau diese festgelegten architektonischen Elemente des kaiserlichen *palatium sacrum* – zuerst das offene Atrium an der Vorderseite des Palastes, dann der riesige, überdachte Versammlungssaal vor dem Allerheiligsten, dazu einige der Verherrlichung dienende architektonische Formen wie zum Beispiel der Glorifizierungsgiebel und das ciborium – kehren in der christlichen Basilika Konstantins in mehr oder weniger umgestalteter Form wieder.[10] Die sakralen architektonischen Formen, die die Erscheinung des Gottkaisers vor dem Volk umrahmt und verherrlicht hatten, werden nun in die christliche Basilika übernommen. Sie umrahmt und verherrlicht die Gegenwart des himmlischen Königs in den Sakramenten – den Altar des Herrn.

Entlang der Längsachse durchschreitet man zunächst das offene Säulenatrium, dann ein Vestibül *(narthex)*, dann die überdachte Basilika – eine Anordnung, die in allem der des *palatium sacrum* entspricht. Das breite, emporragende Mittelschiff, das sich in der überdachten Basilika zwischen schmaleren und niedrigeren Seitenschiffen befindet, verläuft wie eine *via triumphalis* zwischen Säulenreihen auf die Apsis zu, die sich am anderen Ende des Querschiffs befindet. Vor dem Querschiff führt diese Säulenstraße unter einem Triumphbogen hindurch, der auf der Achse des Gebäudekomplexes ruht – genau, wie sich der Glorifizierungsgiebel auf der Achse des Kaiserpalastes befindet. Vom Mittelschiff aus blickt man durch dieses Säulenportal hindurch, das alle Blicke auf die „Spitze" der Achslinie konzentriert: den Altar und das *ciborium* in der Apsis. Drei Himmel – der Triumphbogen, das Gewölbe der Apsis und das des *ciboriums* – wölben sich glorreich über diesem Altar. Sowohl das Mittelschiff als auch das Querschiff besitzen ein offenes Holzdach, nur der Triumphbogen, die Nische der Apsis und das *ciborium* sind überwölbt; daher wird der Blick vom Altar angezogen, den sie einrahmen; alles ist der Altarachse entsprechend angeordnet, die hier an die Stelle der Kaiserachse des *palatium sacrum* tritt.

Alle architektonischen Elemente haben eine Tendenz zur symmetrischen Gruppierung rund um diese Achse. Die Säulen können variieren, während die Bewegung durch jede der Säulenreihen nach vorn gleitet; aber die einander gegenüberstehenden Säulen gleichen sich gewöhnlich und bilden auf diese Weise symmetrische Paare an beiden Seiten der Achse. So besitzen die Säulen eines jeden Säulenpaares im allgemeinen den gleichen Kapitell-Typus, und je näher sie dem Allerheiligsten kommen, desto prächtiger werden sie.[11] Diese bewußte Ausrichtung aller Elemente, ausgehend vom Zentrum der Verehrung, entspricht genau den symmetrischen Anordnungen der gleichzeitig entstehenden figürlichen Kunst. Wenn man – in Nachahmung dieses Vorgangs – jede der beiden das Mittelschiff einrahmenden Säulenreihen um 90 Grad zur Seite in die Ebene des Triumphbogens drehte, so daß sie an seinen beiden Seiten Flügel bildeten, dann würden die Säulen mit ihren jeweils abgewandelten Kapitellen stets variierende, symmetrische Paare rund um das Zentrum der Verehrung bilden, das unter dem Triumphbogen zum Vorschein kommt – ähnlich wie die Figuren in den gegenständlichen Bildern stets wechselnde symmetrische Paare um die Mittelpunktsfigur bilden.

Die gesamte Dekoration des Kircheninneren – die Verkleidung und Verzierung der Wände, die Ausschmückung mit Gold, Silber, farbigem Glas etc. – folgt der zur Apsis hin aufsteigenden Linie, und zwar in gleichem Maße auf beiden Seiten der Achse. Und auch das bezieht sich wie wir es beim kaiserlichen *palatium sacrum* festgestellt haben, auf die figürliche Dekoration. Der Höhepunkt befindet sich an der „Spitze" der Achse, an der Christus selbst – wie Herkules in Piazza Armerina – in all seiner Macht erscheint. Auf diese Darstellung Christi richtet sich mit wachsender Wucht und den Gesetzen der Axialität folgend die gesamte bildliche Dekoration der Basilika.

Das Bildrelief

Als Beispiel für die klassische Bildkomposition, die in der Kunst des Prinzipats lange Zeit weiterlebte, haben wir ein bekanntes Reliefmedaillon aus der Zeit des Kaisers Hadrian (118–136 n. Chr.) ausgewählt, das zweihundert Jahre nach seiner Entstehung zur Verzierung des römischen Triumphbogens Konstantins (Abb. 67, 68) verwendet wurde. Hadrian hat gerade seine Jagd beendet, steigt, gefolgt von seinen Jagdgefährten, zur Statue Apollos empor und schüttet seine Opfergabe auf den brennenden Altar am Fuße der Statue. Hier ist die klassische Formtradition nicht nur in der großartigen plastischen Modellierung der Körper lebendig, sondern auch in der idealen Proportionierung der Figuren und in der Art, wie das Körpergewicht auf einen Fuß gelegt wurde, während der andere entlastet ist. Dadurch erhält die ganze Figur ihre schwingende Bewegung in einer Freiheit, die schon im 5. Jahrhundert v. Chr. der Menschendarstellung der klassischen Kunst ihren typischen Ausdruck ruhiger, entspannter Natürlichkeit verleiht. Ebenso charakteristisch für die klassische Formtradition ist die Anordnung der Figuren: Sie sind voneinander getrennt, damit jeder Körper als organische Einheit und als abgerundetes körperliches Ganzes in sich selbst gesehen wird; gleichzeitig sind sie durch die Stellung, Bewegung und Gestik in eine gewisse rhythmische Beziehung zueinander gesetzt, in einen wechselseitigen Kontakt gebracht, aufgrund dessen wir sie als organische, lebendige Gruppe wahrnehmen.

Im Laufe der Entwicklung, die im kritischen 3. Jahrhundert stattfindet, wird diese klassische Komposition zerschlagen. Gleichzeitig mit der Auflösung des Imperiums und der allgemeinen sozialen und wirtschaftlichen Desorganisation kommt es in der Kunst zu einer charakteristischen Zerstörung der traditionellen Form. Beispiele hierfür findet man unter den Zirkus-, Prometheus- und Phaetonsarkophagen jener Zeit (Abb. 61–63, 65). Die Figuren verlieren ihre physische Schönheit und existieren nicht mehr in organischen Gruppierungen. Sie überschneiden und bedecken sich gegenseitig so, daß sie nicht mehr als organische Einheiten, sondern eher als Teile verschlungener Figurenknäuel erscheinen. An die Stelle der organischen Gruppen in harmonischer Beziehung zueinander stehender Figuren treten turbulente Menschenmengen, die aus ineinander verflochtenen, aber miteinander kontrastierenden Figuren bestehen. Die Konturen dieser Figuren befinden sich nicht mehr in rhythmischem Fluß, sondern werden – ein wenig krampfhaft – von geraden und zackigen Linien gebildet; charakteristisch sind die abrupten, marionettenhaften Bewegungen. Die Gegenüberstellung der einzelnen Figuren mit ihrer typischen Übertreibung in Gestik, Bewegungen und Mimik ist reich an Kontrasten und Dramatik. Wir sehen uns ungewöhnlich erregten und gehetzten, eigenartig aufgelösten Kompositionen gegenüber, die von einem seltsam flimmernden und flackernden Leben erfüllt sind.[12] Man könnte von einer Anarchie der Form sprechen.

Gegen Ende des 3. und in den ersten Jahrzehnten des 4. Jahrhunderts werden diese zusammenhanglosen Bildelemente zu einer neuen Kompositionsordnung vereint. Doch ebenso wie in der gleichzeitig stattfindenden tetrarchischen Neuorganisation des staatlichen und bürgerlichen Lebens ist diese neue Ordnung in der Kunst nicht, wie in der klassischen Tradition, eine auf freien Figuren in spontanen Gruppierungen basierende organische Ordnung, sondern eine *mechanische*, die den Objekten von oben auferlegt wird und ihre wechselseitige Beziehung regelt. Diese Ordnung beruht auf einer Regelmäßigkeit, die höher steht als die der Natur. In den beiden bekannten Reliefs an der Fassade des Konstantinsbogens (312–315) – nämlich *Oratio* (Konstantins Rede auf der Rostra auf dem Forum Romanum, Abb. 71–74) und *Liberalitas* (Konstantins Verteilung eines Geldgeschenkes an die Bürger Roms, Abb. 76–80) – finden wir diese neue, mechanische Ordnung in voller Entfaltung: Die einzelnen Figuren sind nicht zu freien, natürlichen Gruppen versammelt, sondern als einheitliche Elemente nebeneinander in Reihen angeordnet. Weder diese Reihen noch die sie einrahmende Architektur sind frei; alles ist der im Mittelpunkt des Reliefs stehenden, beherrschenden Figur des Kaisers streng untergeordnet und symmetrisch nach ihr ausgerichtet. Die zwingende Gleichmäßigkeit, die Reihe und Symmetrie den Figuren auferlegen, wird noch durch die Tatsache verstärkt, daß die Achsen der Gesamtkomposition mit den Horizontalen und Vertikalen des Rahmens übereinstimmen. Die Hauptlinien der dargestellten Figuren und Bauwerke fallen entweder mit dem Rahmen zusammen oder verlaufen parallel zu ihm – so beispielsweise die Linie genau oberhalb des Kopfes der Figuren und die unmittelbar unter ihren Füßen. Das neue Kompositionssystem ist also durch Reihenformationen, Symmetrie und die totale Unterordnung der einzelnen Elemente unter die Ordinaten des Rahmens gekennzeichnet: eine formale Organisation, die der Struktur des Dominats vollkommen entspricht. Die individuelle Figur verliert ihre wohl proportionierte, organische Ganzheit und wird den Vertikalen des Rahmens entsprechend „geradegebogen"; gleichzeitig verschwindet die traditionelle Neigung der in ungezwungener Haltung stehenden Figur und damit der klassische Ausdruck des untätigen, entspannten Menschen.

Die Form wird bis hin zum kleinsten Detail mechanisch verankert. Da, wo eine Oberfläche die Möglichkeit zu einem freieren Gebrauch der Form bietet – zum Beispiel bei der Wiedergabe von Haaren und Federn, Wasser und Stein – wird gewöhnlich das gleiche Formmotiv regelmäßig wiederholt. In deutlichem Gegensatz zu den stürmisch überquellenden Haaren, Bärten, Pferdemähnen usw. am Ende des 3. Jahrhunderts erscheint nun die monotone Einteilung und Schichtung der Locken in den Reliefs des

Konstantinsbogens (Abb. 32, 33, 70) oder auf zeitgenössischen frühchristlichen Sarkophagen. Überall finden wir die gleiche mechanische Gliederung der Form, beispielsweise in der Wiedergabe der Federn auf den Flügeln der Victoria oder der drapierten Falten ihres Gewandes (Abb. 83). Das auffallendste Beispiel aber für diese abstrakte Gleichmäßigkeit ist die Wiedergabe von Gesteinsformationen in Form einer Honigwabe (Abb. 85, 86).

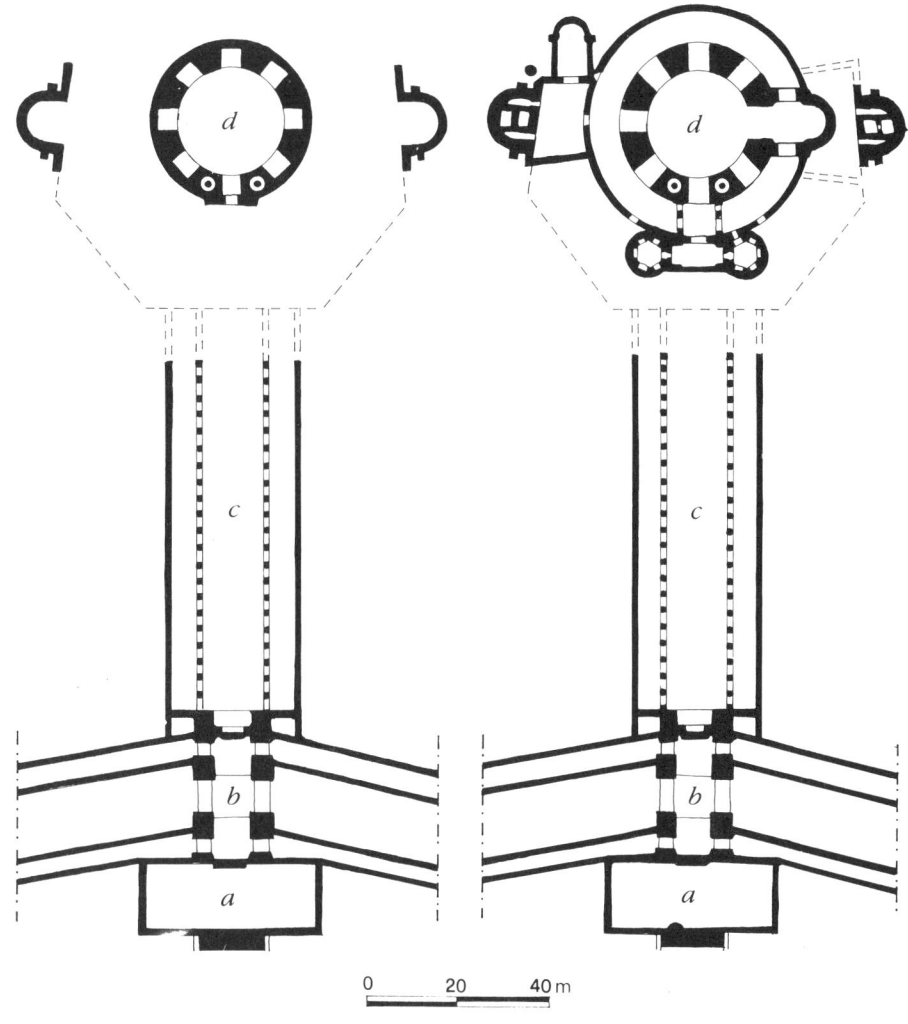

Thessaloniki, Gebäude des Palastkomplexes des Galerius. – Links: Grundriß zur Zeit des Galerius. a Palastatrium, b Tetrapylon über der Straße, c Säulenstraße, d Mausoleum.

Rechts: Zustand dieses Gebäudekomplexes unter Theodosius, nach Umwandlung des Mausoleums in die Kirche des hl. Georg

Besonders charakteristisch für den neuen Kompositionstypus (Abb. 84) ist die mechanische, durch Symmetrie erreichte Einheit, die um das Jahr 300 an die Stelle der organischen, durch lebendige Gruppenformationen erzielten Einheit tritt. In den Reliefs des Galeriusbogens in Saloniki, die um das Jahr 300 n. Chr. entstanden sind, tritt das Bemühen zutage, die Komposition rund um den Kaiser – oder die Kaiser – symmetrisch anzuordnen. In der Darstellung der *Adlocutio Militum* des Galerius steht an der Spitze der pyramidenförmigen Komposition der Kopf des Kaisers; sein mächtiger Körper, der sich gewaltig über die ihn umgebenden Figuren erhebt, befindet sich in der Mitte der beiden von Soldaten gebildeten Flügel, deren Reihen schräg nach unten verlaufen. In dieser Komposition erkennt man die kräftigen Linien eines gleichschenkligen Dreiecks, dessen Spitze von dem Kopf des Kaisers gebildet wird.

Auf dem Vierkaiserrelief desselben Bogens beherrscht die Symmetrie den Gesamtaufbau der Komposition noch stärker. Die Kaisergruppe nimmt die beherrschende Mittelstellung ein: In der Mitte thronen die beiden Augusti, jeder auf seinem Himmelsgewölbe, das von einem kuppelartig über der Büste eines Himmelsgottes gewölbten Faltenwurf gebildet wird; jeder hat seinen Caesar neben sich, und beide werden von einer kleinen Victoria gekrönt, die zwischen den Caesaren und Augusti schwebt. Die Figuren in den Seitenfeldern sind symmetrisch um die im Mittelpunkt befindliche Gruppe angeordnet, etwa die sich zurücklehnenden Figuren in jeder Ecke – Oceanus in der linken, Tellus in der rechten – und die auf die Kaiser zueilenden Figuren – Roma auf der linken, Mars auf der rechten Seite. Obwohl sie als ikonographische Typen verschieden sind, entsprechen die beiden letztgenannten Götter einander symmetrisch in Stellung, Bewegung und Sinnbildern (Trophäe und Helm).

Ähnliche symmetrische Kompositionen finden wir auf zeitgenössischen Sarkophagen; beispielsweise auf einem ungefähr aus dem Jahr 300 n. Chr. stammenden Sarkophag im Thermenmuseum in Rom (Abb. 39–41). Das turbulente, erregte Leben des ausgehenden 3. Jahrhunderts ist in den sich unruhig hin und her bewegenden einzelnen Formen, in den jähen, ruckhaften Bewegungen und in den vom Wind bewegten Haaren und Faltenformen noch gegenwärtig. Umso bemerkenswerter ist der unverkennbare Versuch, die gesamte Komposition innerhalb einer symmetrischen Ordnung zur Ruhe zu bringen. Im Mittelpunkt des Reliefs steht die Hauptfigur: der mit einer Toga bekleidete Verstorbene. Alle anderen Bestandteile des Reliefs – die beiden Fahnenträger *(vexillarii)*, die Trophäen – sind als einander entsprechende, gleichartige Paare symmetrisch um die Zentralfigur herum gruppiert. Der eiserne Griff der Symmetrie und die Einheitlichkeit der Figuren der symmetrischen Paare sind auch in den Details erkennbar, beispielsweise in den Schwertern der Soldaten, den *vexilla* und den an den beiden Trophäen hängenden Schwertern.

Gute zehn Jahre später ist – man sieht es an den oben besprochenen Reliefs des Konstantinsbogens – die Entwicklung der symmetrischen Komposition bereits abgeschlossen. Sowohl in *Oratio* als auch in *Liberalitas* erscheint der Kaiser – in erhöhter Position auf der Rostra oder auf seinem hohen Thron – als beherrschende Zentralfigur; Reihen Beifall spendender und ihm zujubelnder Figuren umgeben ihn in symmetrischer Anordnung und sind ihm untergeordnet. In *Liberalitas* (Abb. 75) ist der über dem kubischen Piedestal thronende Kaiser auf beiden Seiten von einem vollkommen symmetrischen architektonischen Hintergrund eingerahmt. Die Gebäudestrukturen sind in ein erstes und zweites Stockwerk eingeteilt, und das zweite Stockwerk weist wiederum eine Unterteilung in zwei einander völlig gleichende, loggienähnliche Räume auf, in denen die Symmetrie sich auch auf die Einrichtung erstreckt. Ja, selbst die in den Loggien der beiden Seitenabschnitte dargestellten menschlichen Figuren – vier männliche Gestalten, die an der Verteilung des kaiserlichen Geschenks beteiligt sind – sind derselben Symmetrie untergeordnet. Auf dem Fußboden in der Mitte, zwischen diesen vier Figuren, steht eine mit Geld gefüllte Truhe. Am rechten äußeren Rand der Loggia des rechten Abschnitts sowie im entsprechenden Bereich des linken Abschnitts kommt ein mit einer Paenula bekleideter Mann durch eine Luke aus dem unteren Stockwerk hervor und ragt halb in die Loggia herein, um das Geldgeschenk in seiner Paenula entgegenzunehmen. In der anderen Ecke der Loggia sitzt ihm ein mit einer Toga bekleideter hoher Staatsbeamter auf einem Stuhl gegenüber und hält ein Diptychon oder eine Schriftrolle in der Hand. Vor ihm leert ein einfacher Beamter, der eine dementsprechend einfache Tunika trägt, das Geldgeschenk von einem Tablett in die Paenula des Empfängers. Zwischen diesen beiden erscheint ein weiterer hoher Beamter, der ebenfalls die Toga trägt. In dieser Weise ist die ganze komplizierte Szene mit Namensaufruf und Buchführung, Verteilung und Empfang des Geldgeschenks in allen Loggien nach genau dem gleichen Muster wiederholt. Und zu beiden Seiten des in der Mitte des Reliefs thronenden Kaisers erscheint dieses Muster in der den Gesetzen der Symmetrie entsprechenden Umkehrung.

Die jubelnden Bürger, die, wie oben erwähnt, sowohl in *Oratio* als auch in *Liberalitas* den unteren Bereich beider Bildflügel füllen, stehen nicht in natürlichen Gruppierungen im freien, offenen Raum, sondern sind Seite an Seite der festen Grundebene entgegengesetzt – in *Oratio* in zwei parallelen Reihen (Abb. 71), in *Liberalitas* in einer einzigen (Abb. 77). Da die Figuren auf diese Weise nebeneinandergestellt sind, also nicht in die Tiefe des Raumes zurückweichen und im Hintergrund verschwinden, erscheinen alle mit gleichem Gewicht und gleicher Fülle, haben dasselbe Volumen. Man könnte also sagen, daß sie als gleichartige Einheit erscheinen. Dieser Eindruck wird noch durch die Tatsache verstärkt, daß rhythmische Gruppierungen der Figuren so weit wie möglich vermieden werden. Durch diese Figurenreihen geht keine melodische, wogende Bewegung – nur der monotone Takt gleicher Einheiten. Die Einheitlichkeit der Figuren wird auch dadurch unterstrichen, daß die in einer Reihe stehenden Individuen in einer einzigen horizontalen Achse angeordnet sind: Sämtliche Köpfe, Füße etc. befinden sich auf derselben Linie. Vor allem in den beiden parallelen Reihen in *Oratio* (Abb. 71) vereinigen sich die Figuren zwischen deutlich sichtbaren horizontalen Linien zu einer kompakten Masse und erheben sich wie parallel verlaufende Mauern übereinander. Solche kompakten Figurenmassen verhalten sich zu den organischen Figurengruppen klassischer Zeiten wie die kollektiven Korporationen des Dominats zu den freien Organisationen der früheren Kaiserzeit.

Die starke Betonung dieser horizontalen Trennungslinien leitet sich von einer völlig neuen Formordnung her, die – wie wir bereits gesehen haben – die gesamte Szenerie dem Koordinatensystem des Rahmens unterordnet. Die horizontalen und vertikalen Linien des Rahmens üben einen Zwang auf die Komposition sowohl der architektonischen als auch der figürlichen Elemente aus. So bestimmen beispielsweise in *Liberalitas* die Rahmenleisten die Unterteilungen des Reliefs in die loggienförmigen Bezirke. Und mit ähnlicher Wirkung sind in der *Oratio* die architektonischen Elemente parallel zum Rechteck des Rahmens angeordnet – ja, die horizontale Linie am oberen Rand der Architektur im Hintergrund fällt zum Teil mit der Rahmenleiste des Reliefs zusammen. Doch auch die Figurenszene ist so gestaltet, daß sie mit den vertikalen und horizontalen Linien des Rahmens übereinstimmt. So fällt beispielsweise auf, daß bei der doppelten Figurenreihe in beiden Flügeln der *Oratio* jede Reihe von einem dem Rahmen entsprechenden Rechteck umschlossen ist; besonders markant ist die von den Köpfen gebildete horizontale Linie in jedem der Rechtecke. Es ist kein Zufall, daß die Blockfuge, die durch die Mitte des gesamten Reliefs läuft und eine beherrschende horizontale Trennlinie bildet, mit der von den Köpfen der unteren Reihe gebildeten Linie zusammenfällt und sie besonders hervortreten läßt (Abb. 86). Untersucht man die einzelnen Figuren auf den Reliefs des Konstantinsbogens, beispielsweise die in den Bogenzwickeln des Hauptdurchganges schwebenden Viktorien mit ihren Trophäen, so erkennt man, welche Macht der äußere Rahmen auf den Gesamtplan ausübt. Der obere Teil des Körpers ist möglichst vertikal ausgerichtet, während der untere horizontal nach außen geschwungen ist, und die Trophäe in den Händen der Victoria ist konzentrisch entsprechend dem darunter befindlichen gewölbten Rahmen des Bogens geschwungen. Zudem sind die Figuren in einem eigentümlich treppenartigen Aufbau mit dem Rahmen in Übereinstimmung gebracht. Je schwächer die organische Geschlossenheit der Figur ist, desto größer die Biegsamkeit ihrer einzelnen Teile zur Kraft des äußeren Rahmens hin. Wir haben festgestellt, daß dieser Sachverhalt seine

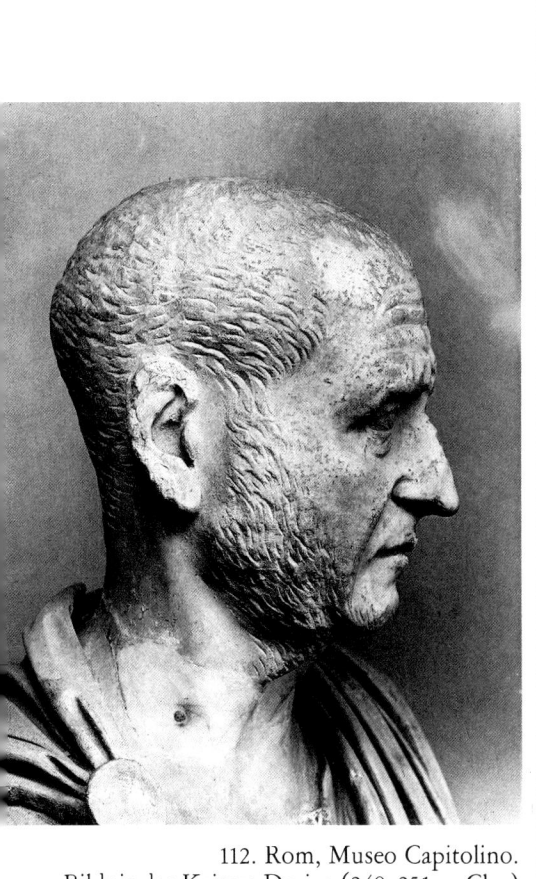

112. Rom, Museo Capitolino.
Bildnis des Kaisers Decius (249–251 n. Chr.)

113. Neapel, Museo Nazionale.
Bildnis aus der Tetrarchenzeit

114. Athen, Nationalmuseum.
Bildnis, um 300 n. Chr.

Folgende Seiten:
115. Karthago, Antiquarium.
Bildnis, um 300 n. Chr.
116. Rom, Vatikanische Museen.
Spättetrarchisches Bildnis

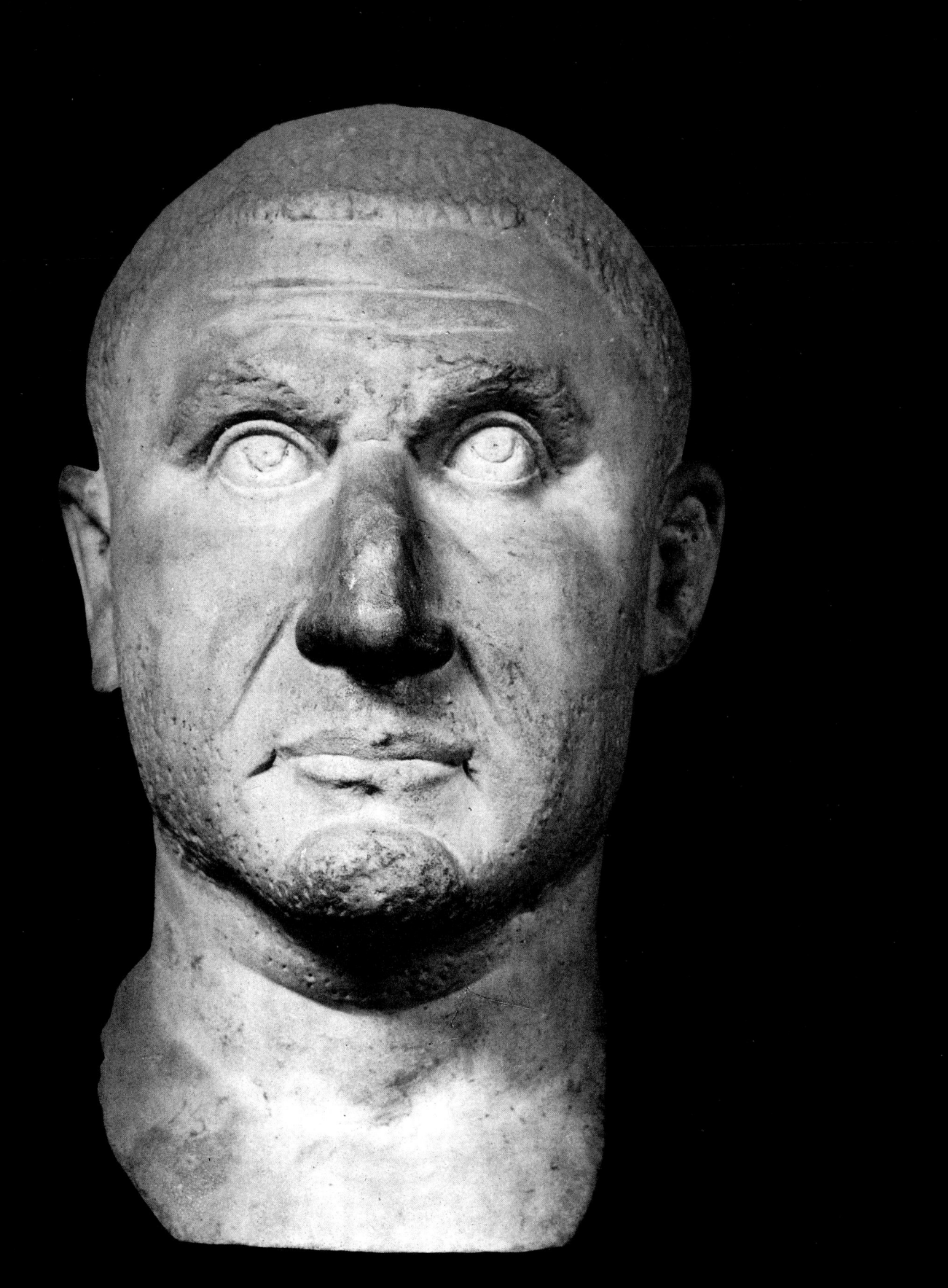

117. Tunis, Bardo-Museum.
Bildnis Konstantins
118. Rom, Ehem. Lateranmuseum.
Bildnis des Dogmatius (4. Jh. n. Chr.)

119., 120. Rom, Museo dei Conservatori.
Kolossalbronze, vermutlich Konstantin

Vorhergehende Seiten:
121. Mailand, Museo Archeologico.
Sog. Amalasunthaporträt
122. Rom, Museo dell' Alto Medioevo.
Männerporträt (Ende 4. Jh. n. Chr.)
123. Rom, Ehem. Palazzo del Drago.
Intarsie aus Marmor und Farbglas
mit der Biga eines Konsuls (4. Jh. n. Chr.)

124., 125. Rom, Museo Nazionale Romano.
Goldmedaillon des Theoderich, als Fibel verarbeitet.
Auf der Rückseite eine Viktoria

Folgende Seite:
126. Rom, Hof des Konservatorenpalastes.
Kolossalkopf des Konstantin, der sich in
der Nordapsis der Maxentiusbasilika befand,
die von ihm wiederhergestellt und umgewandelt wurde

Entsprechungen im Leben der damaligen Zeit hat, in der Beziehung zwischen den Individuen und dem Gemeinwesen, zwischen der Stadt und den Provinzen einerseits und den starren, festgelegten Einheiten des neuen Staates andererseits. Als nachkonstantinisches Beispiel für diese totale Unterordnung aller Figurenelemente unter die Koordinaten des Rahmens nennen wir zwei auf dem Postament des Theodosiusobelisken auf dem Hippodrom in Konstantinopel befindliche Reliefs (Abb. 96–98).

Schließlich möchten wir hervorheben, wie charakteristisch das Fehlen offenen Raumes rund um die Figuren für den gesamten in diesen Kompositionen herrschenden Ausdruck ist. Die einzelne Figur ist an die Reihe gebunden wie der Soldat an seine Reihe oder sein Glied; die Reihe wiederum ist an den engen Raum vor der Ebene des Bodens gefesselt. Die Figuren sind auf diesen engen Raum beschränkt; sie können sich weder zum Betrachter hin nach vorn drängen noch in die Tiefen eines Hintergrundes zurückweichen. Die einzig mögliche Bewegung führt entlang der Achse einer parallel zum Boden verlaufenden Ebene; doch auf dieser Ebene wird jede Bewegung durch die symmetrische Ordnung verhindert, welche die Figuren der zentralen Figur untergeordnet festhält. So werden die Figuren in eigentümlicher Weise *immobilisiert* – ebenso wie im realen Leben die Individuen durch das Dominat fest an ihre Staatspflichten, ihre *munera*, und den Ort ihrer Beschäftigung und ihres Eigentums gebunden waren.

Reihenformationen von der Art, wie wir sie hier untersuchen, passen in die symmetrische Anordnung der Komposition und vereinfachen sie; gleichzeitig verstärken sie den Ausdruck der Unterordnung unter die zentrale Figur. Ganz anders als in der traditionellen Kunst, wo sich die Figuren freier im Raum bewegten, wird es nun möglich, alle Elemente zu dem im Zentrum befindlichen Kaiser hin auszurichten, um so die Erfahrung der von ihm ausgehenden, unwiderstehlichen magnetischen Anziehungskraft und der höheren Ordnung, der er angehört, zu vermitteln. In dieser übernatürlichen, unbeweglichen und daher unveränderlichen Figuren- und Architekturkonstellation verkörpert sich das göttliche Imperium. Die Figuren in den symmetrischen Reihen sind oft im Profil dargestellt und im allgemeinen nach der Mitte hin zu dem dort befindlichen Kaiser gerichtet. Der Kaiser selbst dagegen wird von vorn gezeigt und somit aus dem Relief herausgehoben; er unterbricht die erzählerische Kontinuität, ebenso wie der Gottkaiser über dem Leben der Sterblichen steht und durch das kaiserliche Zeremoniell zu einem göttlichen, über die Welt der Lebenden erhobenen Bild isoliert wird. In dieser Anordnung drückt sich das ganze Wesen des *dominus* aus: seine zentrale Stellung im Staat, die Abhängigkeit aller Bürger von ihm und ihre Unterordnung unter ihn, sein übermenschlicher Charakter. Hier wird ein Kompositionsschema geschaffen, das die *maiestas domini* zum Ausdruck bringt und für die offizielle Kunst der Spätantike und des Mittelalters grundlegende Bedeutung haben sollte.

Als Beispiel für dieses Schema betrachten wir das berühmte silberne Kaiserbildnis in Madrid, das den zwischen seinen Mitkaisern Valentinian und Arcadius thronenden Kaiser Theodosius zeigt. In der Gruppierung dieser Figuren und ihrer Einbettung in Architektur und Raum sind nicht die Gesetze der Natur wirksam. An die Stelle der Ordnung des Lebens und der Natur ist eine neue, eine Art kristallischer Ordnung getreten: Der ganze Formenkomplex ist symmetrisch um die übernatürlich große Figur des Theodosius herum angeordnet, die Figurengruppen an beiden Seiten steigen pyramidenartig zu ihm auf, und ebenso pyramidenförmig sammelt der Giebel die Architektur um ihn. Die ganze Kaiser-Ideologie der Spätantike, der geheiligte Absolutismus ist in diesem Wandel und dieser Vergeistigung der natürlichen Form deutlich geworden. Der Kaiser ist Gott selbst auf Erden. Er ist der Mittelpunkt einer Art übermenschlicher Symmetrie, die Spitze der Pyramide der Staatshierarchie. Das Kaiserbildnis ist ein Andachtsbild.

Die Kirche übernahm dieses Kompositionsschema vom Staat. Als Beispiel nennen wir einen Sarkophag in Mailand, entstanden um das Jahr 400 (Abb. 99, 100). Hier ist Christus in den Mittelpunkt gestellt und hoch über seine Umgebung erhoben; und hier sind es die Apostel, die in symmetrischen Reihen unterhalb der Zentralfigur angeordnet sind. Und wieder durchbricht diese zentrale Figur den menschlichen Zusammenhang: Während die Apostel ihre Gesichter Christus zuwenden, schaut Christus nach vorn zum Betrachter hin wie eine zur Anbetung bestimmte Kultstatue. Die höhere, statische Ordnung, die in den kaiserlichen Bildern des Konstantinsbogens der menschlichen Welt auferlegt wird, ist im Bildnis Christi zu einem Ausdruck der transzendenten Schönheit und Regelmäßigkeit des göttlichen Königreichs vergeistigt. Ebenso wie der Kaiser in *Liberalitas* dem Volk ein Geschenk machte, so tut es auch Christus auf unserem Relief; doch Konstantin gab den Bürgern Roms eine Geldspende, Christus dagegen gibt der ganzen Menschheit die *nova lex* der christlichen Weltordnung (die Petrus dargebotene Buchrolle in der linken Hand Christi). Und wie die Bürger in *Liberalitas* das Geschenk mit beifällig erhobener Hand entgegennehmen, so tun es auch die um Christus versammelten Apostel: Doch die Bürger bedanken sich für eine Geldgabe, während die Apostel sich an einem himmlischen Gnadengeschenk erfreuen. Während schließlich der Kaiser auf einer historischen Tribüne erhöht dasteht, ist Christus auf den Berg des Paradieses erhoben, und hinter ihm stehen die juwelengeschmückten Mauern und Tore des himmlischen Jerusalem. Die *civitas domini*, die sich in den Konstantin umgebenden Gebäuden des Forum Romanum widerspiegelt, ist zur *civitas Dei* geworden.

Der christliche Ausdruck übernatürlicher Transzendenz tritt in diesen Reihenformationen und Symmetrien in der Entwicklung der spätantiken und frühchristlichen

Kunst – mit der Verstärkung des mystischen Elements – immer deutlicher zutage. Als Beispiel hierfür möge das Apsismosaik in Santa Maria in Domnica in Rom dienen. Im oberen Bereich ist Christus zwischen Erzengeln und Aposteln dargestellt, in der Wölbung der Apsis darunter das in Marias Schoß liegende, von Engelscharen umgebene Christuskind (817–824).

Die Porträtskulptur

Während der ersten drei Jahrhunderte des Imperiums suchen die römischen Porträts in Fortführung der hellenistischen Porträt-Tradition *stets* persönliche Individualität wiederzugeben – ganz gleich, wie unterschiedlich die einzelnen Stilrichtungen auch sein mögen. Und diese Individualität ist, wiederum in Fortsetzung der hellenistischen Porträt-Tradition, *stets* „naturgetreu", d. h. mit einem natürlichen, beseelten Gesichtsausdruck ausgestattet. Die Porträtskulptur der ersten drei Jahrhunderte der Kaiserzeit stellt also *Individuen naturgetreu* dar. Um 300 n. Chr. jedoch vollzog sich ein grundlegender Wandel in dieser Form der Porträtkunst.

Wir wollen die eigentümlich angsterfüllten, von flimmernder Beweglichkeit gekennzeichneten Porträts aus der Mitte des 3. Jahrhunderts zum Ausgangspunkt unserer Untersuchung nehmen. Diese Porträts wollen nicht nur die individuellen physiognomischen Züge wiedergeben, sondern sie auch in lebendiger Bewegung darstellen. Die gesamte Persönlichkeit wird jetzt in einem in der antiken Kunst beispiellosen Grade wie in einem Schnappschuß, in flüchtiger Bewegung, mit einem plötzlichen Blick eingefangen. So wird auch die realistische Bestimmung der Zeit in die Porträtkunst eingeführt. Das Bildnis will nicht nur die objektiven physiognomischen Formen wiedergeben, sondern zielt gleichzeitig auch darauf ab, sie in der Zeit, in der Bewegung des Lebens zu offenbaren, das Minenspiel eines nervösen Gesichts, das Aufblitzen der Persönlichkeit darzustellen. Betrachten wir zum Beispiel das bebende, naturgetreue Bildnis einer für die damalige Zeit charakteristischen Skulptur – das wunderbare Porträt des Kaisers Decius (Abb. 112) in Oslo (249–251). Die Seitwärtswendung des Kopfes drückt Bewegung aus – ebenso die gesamte Gesichtskomposition. Besonders beachtenswert sind die asymmetrischen Falten und Runzeln, die vor allem bei den Muskeln der Stirn und um den Mund mit ihren starken, wellenförmig verlaufenden Furchen auffallen. Solche Asymmetrien beseitigen jede Art von Stabilität, Festigkeit und Beständigkeit der Form und schaffen, so könnte man sagen, eine physiognomische Situation, die nur vorübergehend möglich ist und sich jeden Augenblick ändern muß – d. h. eine Konstellation, die Bewegung andeutet. Die Stirn beispielsweise ist von tiefen, aber skizzenhaften Meiselspuren durchfurcht: Nicht die Furchen selbst treten als dauerhaft bestehende Linien hervor, ins Auge fällt vielmehr das Spiel des Lichtes in ihnen, das als wechselnde Schatten über die Stirn huscht. Das gilt auch für Haare und Bart: Wir sehen keine plastische Ziselierung einzelner Haarlocken, sondern ein pointillistisches Hinstricheln und -tüpfeln der Formen, so daß nur für den entfernten Betrachter und durch das Spiel des Lichts die Illusion von Haar entsteht. Es handelt sich hier um eine Technik, die mit den gleichen optischen Wirkungen arbeitet wie die Farbzerlegung der Impressionisten im letzten Jahrhundert, und in beiden Fällen entsteht der neue, illusionistische Stil aus dem älteren, plastischeren Formgefühl. Die Entwicklung nimmt den gleichen Gang wie im neunzehnten Jahrhundert: Aus dem Realismus entwickelt sich der Impressionismus.

Dieser Impressionismus, der seinen Höhepunkt gegen Mitte des 3. Jahrhunderts erreichte, hat einige der größten Leistungen der antiken Porträtkunst hervorgebracht. Ein packendes menschliches Dokument ist das Porträt des Philippus Arabs (244–249). Mit großartiger Vereinfachung hat der Künstler es geschafft, die lebendige Physiognomie in *einer* charakteristischen schwungvollen Bewegung zusammenzufassen.

Im Zentrum stehen die drohend geweiteten Augen, die ihre Entsprechungen in den gerunzelten Stirnmuskeln und den nervösen Kontraktionen der Mundmuskulatur haben. Das physiologische Bild erreicht eine fast unheimlich anmutende Intensität. Hinter den bebenden Gesichtszügen scheint der Ausdruck selbst sich zu verändern und zu bewegen – er funkelt wie eine flackernde Flamme auf dem Gesicht.

Solche Porträts sind repräsentative Beispiele für die um die Mitte des 3. Jahrhunderts vorherrschende römische Kunst. Wir finden hier einen Impressionismus, dem es gelingt, die reale Bewegung wie den Ausdruck psychischen Lebens in Marmor festzuhalten. Im Laufe zweier Generationen jedoch wandelte sich diese Kunst völlig; ihr brodelndes Leben verschwand in der Abstraktion (Abb. 21, 116). Das Gesicht vibriert jetzt nicht mehr im Strom der Zeit; die Züge erstarren plötzlich zu einer ausdrucksvollen, medusenähnlichen Maske. Das innere Leben – ein Leben jenseits von Zeit und Raum – hat sich seinen großen, unbeweglichen Gesichtszügen eingeprägt.

Wie läßt sich dieser im letzten Teil des 3. Jahrhunderts stattfindende radikale Wandel in Form und Zielsetzung des Porträts erklären? Die Antwort könnte lauten, daß der Impressionismus selbst – in der Antike ebenso wie in der Moderne – die künstlerischen Mittel hervorbrachte und den Durchbruch der neuen Form ermöglichte. Um eine intensive und spontane Illusion lebendiger, sich bewegender Realität zu vermitteln, akzentuierte man die Form so, daß sie sich ganz und gar entsprechend ihrer Ausdruckskraft, ihrer Möglichkeit der Wiedergabe bewegten Lebens veränderte. Man bediente sich einer zerlegenden Technik, die plastische Werte auf optische reduzierte und die

Realität in ein täuschendes Flimmern auflöste. So erhielt der im Dienste der Realität stehende Künstler eine ständig wachsende Freiheit in bezug auf deren exakten Details. Und dadurch eröffneten sich unendliche neue Möglichkeiten. In der letzten Generation des 3. Jahrhunderts werden die Überbetonung der Ausdrucksformen, die Auflösung plastischer Details und die pointillistische Technik immer vorherrschender. Der Ausdruck wird mehr und mehr in maskenhafte Linien gedrängt. So entsteht nach und nach ein System freier Ausdrucksmittel, das eine Offenbarung völlig neuer psychischer Inhalte ermöglicht. Diese neuen Inhalte repräsentieren den Menschen der Spätantike: das verinnerlichte, geistige menschliche Wesen, die „pneumatische" Persönlichkeit, um es in der Sprache der damaligen Zeit auszudrücken. Ein „abstraktes" oder „expressionistisches" Porträt (um den modernen Begriff zu verwenden) entsteht.

Wir greifen als Beispiele zwei Männerköpfe heraus, die kurz vor dem Jahre 300 entstanden sind (Abb. 113, 114). Der Konflikt zwischen den neuen Bestrebungen und dem traditionellen impressionistischen Klischee tritt deutlich zutage. Der abstrakte Ausdruck der Augen und der in die Ferne und über die Zeit hinaus gerichtete Blick leiten sich aus dem neuen Darstellungswillen her. Doch immer noch ist die Tradition wirksam und bebt im Leben des Augenblicks, wenngleich sie im Begriff ist, zu einer abstrakten, heiteren Ruhe zu erstarren, die sich von den Augen aus über das ganze Gesicht ausbreitet. Die beklommenen, beinahe gequälten Bewegungen, die in asymmetrischem Flackern über die Porträtoberfläche laufen, sind in eigentümlicher Weise auf bestimmte Bereiche des Gesichtes beschränkt, insbesondere auf die Stirnmuskeln; sie gehen nicht von einer organischen Emotion aus, die das Ganze umschließt. So ist das physiognomische Leben zerschlagen und zerborsten, das nervöse Spiel der Züge verhärtet sich zu Krämpfen und konvulsivischen Zuckungen. Diese Entwicklung läßt sich mit den eigenartigen, aufgelösten Kompositionen und den seltsamen, marionettenhaften Bewegungen vergleichen, die man gleichzeitig in der Sarkophagkunst findet (Abb. 61–65). Die im Bereich der Kunst stattfindende Auflösung fällt, wie wir gesehen haben, mit den anarchischen Zuständen im geistigen und materiellen Leben der damaligen Zeit zusammen.

Gleichzeitig mit dieser Auflösung der traditionellen organischen Form entsteht ein neues Gefühl für die kompakte Masse, die „stereometrische" Form.[17] Als Beispiele seien drei Porträtbüsten aus der Zeit um 300 n. Chr. genannt, eine aus dem lateinischen, zwei aus dem griechischen Gebiet des Imperiums (Abb. 114–115). Überall setzt sich die gleiche blockartige Vereinfachung der organischen Form durch. Gleichzeitig kommt es zu einer Abschwächung der individualisierenden Gesichtszüge; sie entwickeln sich nicht mehr aus der Tiefe einer durch und durch gegliederten Kopfstruktur heraus, sondern ruhen in einer eigenen Schicht an der Oberfläche des Blockes. Wie Münzporträts beweisen, trat dieser neue Porträtstil zuerst im östlichen Teil des Imperiums in Erscheinung;[19] man findet ihn erstmals auf Münzen, die in Nikomedia, Kyzikos, Antiochia und Alexandria geprägt wurden. Doch wird der Stil bald in allen Provinzen des Imperiums allgemein gebräuchlich, obwohl das weströmische und in noch größerem Maße das lokale griechische Porträt stets mehr von der traditionellen organischen Formstruktur bewahren. Diese neue, unbewegliche, blockähnliche Form, die über die physiognomische Gliederung dominiert, hat auffallende Parallelen im zeitgenössischen kubischen Palaststil, in den massiven Mauerformationen, die jetzt im Bereich der Architektur das traditionelle Dekor schlucken, in den kompakten Reihenformationen der figürlichen Kunst – ja, in der ganzen für jene Zeit charakteristischen militaristischen Lebensweise, welche das Individuelle in Säulen und Blöcken verschwinden läßt.

Charakteristisch für die während der ganzen folgenden Jahrzehnte stattfindende Entwicklung ist eine zunehmend gleichmäßige und starre Blockform, wie sie beispielsweise das Porphyrporträt (Abb. 21) eines Kaisers im Museum in Kairo veranschaulicht.[20] Die Struktur des Kopfes und die Gesichtszüge sind in große, klar abgegrenzte, flache oder gewölbte Flächen eingeschlossen, und einzelne Formen wie zum Beispiel Falten, Furchen und Haarlocken werden immer stärker symmetrisch nach der vertikalen Achse des Gesichtes ausgerichtet. Und so tritt wiederum, wie wir es schon bei den Reliefs gesehen haben, eine Art mechanischer Planung der Formgebung an die Stelle der bereits aufgelösten organischen Formplanung.[21]

Das Porträt in Kairo ist östlichen Ursprungs und hinsichtlich der neuen Tendenz schon weiter entwickelt als weströmische Porträts. Doch auch diese folgen, wie bereits angedeutet, derselben Entwicklungslinie. Ein spätes, im Vatikan befindliches tetrarchisches Porträt (Abb. 116) und das berühmte Dogmatiusporträt im Lateran (Abb. 118), das sich aufgrund einer Inschrift in die spätkonstantinische Zeit (323–337 n. Chr.) datieren läßt, veranschaulichen zwei Schritte in dem Entwicklungsprozeß der stereometrischen Kristallisierung in der weströmischen Kunst. Das impressionistische Flimmern, die flüchtigen Asymmetrien in Haut und Muskelspiel werden geglättet. Alle Falten in Muskeln und Haut werden durch die klare, regelmäßige Handschrift des Künstlers vereinfacht. Der Blick wandert nicht mehr, sondern ruht bewegungslos auf einem in der Ferne liegenden Punkt. Im Porträt des Dogmatius sehen wir die völlige stereometrische Vereinfachung des gesamten Formkomplexes und die strikte symmetrische Unterordnung aller Einzelformen unter die Mittelachse des Gesichtes. Die Haare sind mit Konturen von mathematischer Regelmäßigkeit umrissen, wobei die Spitze des in der Stirnmitte spitz zulaufenden Haaransatzes sich genau auf der Achse befindet; die Furchen der Stirn verlaufen wellenförmig in strengen, parallelen Krümmungen; und die Augen sind von konzentrischen Bögen eingerahmt. Statt des bebenden Lebens der Oberfläche finden wir eine kristallische Widerspiegelung des inneren, abstrakten Lebens – kein aufblitzendes Spiel der Gesichtszüge mehr, sondern eine gleichbleibende Ausdrucksmaske. In dieser Maske beherrschen die von intensivierenden Kurven eingerahmten Augen den gesamten Ausdruck.

Und so, wie die lebendige, organische Natur nun einer festgelegten Regelmäßigkeit weicht, so macht das Individuum dem Typus Platz. Wir haben bei der Heiligendarstellung schon gesehen, wie die natürlichen menschlichen Gesichtszüge einer höheren Stereotypie weichen, welche die unwandelbare Natur der Heiligen charakterisiert und ihren Platz in einer ewigen, hierarchischen Ordnung anzeigt. Die Heiligen erscheinen also als untereinander identische Figuren. Eine ähnliche Stereotypie setzt sich, beginnend mit der tetrarchischen Zeit, auch in der Darstellung der Kaiser durch. Wir haben bereits gehört, wie der Panegyriker die *similitudo* Diokletians und Maximians pries. Und wir haben auch gehört, daß diese ideale Ähnlichkeit auf ihrem gemeinsamen göttlichen Wesen beruht. Ein unveränderlicher „heiliger Typus" durchdringt alle irdischen Zufälligkeiten und kennzeichnet die Gesichtszüge der Gottkaiser.

Doch nicht das Kaiserbild der Tetrarchie sollte in der sakralen Typologie des Imperiums endgültig bestimmend werden. Vielmehr sollte die die Tetrarchie ablösende Universalmonarchie Konstantins (ab 324) in ihrem Kaiserbildnis das bleibende Kaiserideal schaffen. Dieser Typus entsteht mit Porträts wie dem kolossalen Kopf Konstantins im Palazzo dei Conservatori in Rom, der ursprünglich die riesige Statue des thronenden Kaisers in seiner Basilika auf dem Forum Romanum krönte (Abb. 126). Der Kopf zeigt nach vorn und befand sich ursprünglich in der Achse der Basilika. Er besteht aus klar abgegrenzten Flächen, die durch Kurven von geometrischer Regelmäßigkeit umrissen sind, und die einzelnen Elemente unterwerfen sich der strengen Symmetrie beiderseits der Mittelachse des Gesichts. Der Schädel ist kuppelartig gerundet, und das Haar umschließt Stirn und Schläfen in einer vollständigen Lockenarchivolte, wobei die in der Mitte befindliche Locke den Gewölbescheitel darstellt; Augen, Augenlider und Augenbrauen stimmen mit dem System konzentrischer Bögen überein und wölben sich übereinander, Arkade über Arkade. Jede Bewegung ist zum Stillstand gekommen. Das ganze Gesicht ruht mit all seinen Zügen fest in der unerschütterlichen Ordnung der Ewigkeit.

Die Augen – übernatürlich groß, weit geöffnet und von den betonten konzentrischen Wölbungen der tief eingeschnittenen Lider und Brauen umrahmt – drücken deutlicher denn je die die Persönlichkeit des Herrschers kennzeichnende Transzendenz aus. In seinem starren Blick geht er weit über seine physische Umgebung hinaus und erreicht sein Ziel in einer höhere Sphäre, im Kontakt und in der Identität mit den lenkenden Mächten. Die Vorsehung selbst, der unwiderstehliche Überwacher des

Schicksals, *fatorum arbiter*, erhebt sich vor uns, und die ganze Zukunft ruht in seinem Schoß. Die Kaiserideologie jener Zeit hat sich in diesem Gesicht herauskristallisiert. Es erinnert uns an jene repräsentativen Szenen in der Kunst oder im Leben, in denen der Kaiser als Richter der Welt, als Weltherrscher, als μοῖρα und *fatum* erscheint. Sein Thron steht im Mittelpunkt des Universums, er ist das Gesetz der kosmischen Bewegung, *rector totius orbis*, und hält das Rad des Tierkreises in der Hand. Der Kopf ist eher Ausdruck der göttlichen Macht des Kaisers, seiner *divina maiestas*, als das Porträt eines Individuums. Wir sehen uns dem „heiligen Angesicht" dieser Macht gegenüber und erfahren die Bedeutung und Realität von Begriffen wie *sacer vultus, sacrum os, divinus vultus*, mit denen man die Bildnisse der spätantiken Kaiser beschrieb (Abb. 119, 120).[22]

Nimmt man nicht – so fragen wir zum Schluß – hinter diesem Bildnistypus den feierlichen, rituellen Stil der persönlichen Erscheinung des Kaisers wahr? Erhält man nicht einen kleinen Einblick in die zeremonielle Symmetrie, welche die unbewegliche Figur des Kaisers umgab – jenes funkelnde *caeleste miraculum*, das in zeitgenössischen Quellen beschrieben wird? Der lebendige Kaiser erscheint eigentümlich statuenhaft – wie ein Monument über die Welt der Sterblichen erhoben. Ammianus Marcellinus (16, 10) hat ein berühmtes Bild des in Rom einziehenden Constantius II gezeichnet – das Bild eines lebenden Kaisers, das sich mit dem von uns untersuchten kaiserlichen Porträttypus vergleichen läßt. „Er schaute so starr nach vorn, als trage er einen Eisenreifen um den Hals, und wandte sein Gesicht weder nach rechts noch nach links, er war nicht wie eine lebende Person, sondern wie ein Bild." *(Nec dextra vultum, nec laeva flectebat; tamquam figmentum hominis.)* Dieser hieratische Kaiserstil, der als Ausdruck der *divina maiestas* seine Spuren in gleicher Weise beim Palast, dem Bildnis und in der lebenden Realität hinterläßt, kann auch in Byzanz bis hin zum heiligen russischen Reich verfolgt werden. Mit Worten, die uns auffallend an die des Ammianus erinnern, berichtet Bertel Gripenberg über seine Kindheitseindrücke von Alexander III: „Er sah starr geradeaus, und seine Gesichtszüge waren bewegungslos wie die einer Statue. Ein Mann aus Stein, eine Personifikation der Macht und des Schicksals."[23]

Anmerkungen

[1] G. Niemann, *Der Palast Diokletians in Spalato*, Wien, 1910.

[2] Th. Wiegand, *Palmyra*, Berlin, 1932, Abb. 10; vgl. D. Krencker, *ibid.*, S. 84 ff., und H. Lehner, *ibid.*, S. 160: Deutung des Gebäudekomplexes als Palast. Neueste Ausgrabung von K. Michalowski und Besprechung von D. Schlumberger, *Mélanges Monteverdi*, II (1962), S. 79 ff. und von E. Will in *Syria*, 40, 1963, S. 385 ff.

[3] K. M. Swoboda, *Römische und Romanische Paläste*, Wien, 1969, Abb. 70, S. 158. Vgl. Alföldi, „Insignen", *Mitteilungen des Deutschen Archäolog. Instituts, Röm. Abt.*, 50, 1935, S. 46.

[4] Alföldi, *op. cit.*, S. 127 ff.

[5] Von grundlegender Bedeutung für das Studium der spätantiken kaiserlichen Palastarchitektur sind die Werke von E. Dyggve; vgl. *Ravennatum Palatium Sacrum*, Kopenhagen, 1941 und *Dödekult, keiserkult og basilika*, Kopenhagen, 1943.

[6] *Mamertini paneg. Max.*, 3. Vgl. hierzu das Porträt des Theodosius, Abb. 24.

[7] Dieser Auffassung ist von G. V. Gentili, dem Ausgräber des Palastes, zugestimmt worden. Vermutlich handelte es sich um einen Ruhestandspalast für den zurückgetretenen Maximian, der somit eine Parallele zu dem Ruhestandspalast für Maximians kaiserlichen Kollegen Diokletian in Spalato darstellte: L'Orange-Dyggve, „,E' un palazzo di Massimiano Erculio che gli scavi di Piazza Armerina portano alla luce?", *Symbolae Osloenses*, 29, 1952, S. 114 ff.; L'Orange, „Il palazzo di Massimiano Erculio di Piazza Armerina", *Studi in onore di Aristide Calderini e Roberto Paribeni*, III, 1956; *Idem*, „Nuovo contributo allo studio del Palazzo di Piazza Armerina", *Acta Instituti Romani Norvegiae*, Rom, 2, 1956 (im Druck); G. V. Gentili, *La Villa Erculia di Piazza Armerina, I mosaici figurati*, Rom, 1959. Ebenfalls bestätigt von I. Lavin, „The Hunting Mosaics of Antioch", *Dumbarton Oaks Papers*, 1963, S. 244 ff. Einwände gegen diese Deutung des Palastes sind von B. Pace, *I mosaici di Piazza Armerina*, Rom, 1955, M. Cagiano de Azevedo, „I proprietari della villa di Piazza Armerina", *Scritti di storia dell'arte in onore di Mario Salmi*, 1961, S. 18 ff., G. Lugli, „Contributo alla storia edilizia della villa romana di Piazza Armerina", *Rivista dell'Istituto Naz. d'Archeologia e storia dell'arte*, Nuova Serie XI-XII, Rom, 1963, S. 28 ff.

erhoben worden. Der Palast selbst ist eingestürzt, doch der Grundriß und die Bodenmosaiken sind erhalten geblieben. Ursprünglich waren auch die Mauern und Gewölbe mit Mosaiken geschmückt.

[8] L'Orange, „Il palazzo di Massimiano Erculio...", *Studi in onore di Calderini e Paribeni*, S. 596, mit Abbildungen.

[9] Zu den Kaisern als Jupiter und Herkules in der Gigantomachie vgl. z. B. *Mamertini paneg. Max.*, 4; *Mamertini genethl. Max.*, 3.

[10] E. Dyggve, *Dödekult, keiserkult og basilika*, Kopenhagen, 1943; *Ravennatum Palatium sacrum*, Kopenhagen, 1941, *passim*.

[11] F. W. Deichmann, „Säule und Ordnung in der frühchristl. Architektur", *Mitteilungen des Deutschen Archäolog. Instituts, Röm. Abt.* 55, 1940, S. 121 ff.; *idem*, *Frühchristliche Kirchen in Rom*, Basel, 1948, S. 12 ff.

[12] Die Kunst der Tetrarchie und des späten dritten Jahrhunderts habe ich auf der Grundlage damals noch unveröffentlichten Materials in meinem Werk *Studien zur Geschichte des spätantiken Porträts*, Instituttet for sammenlignende Kulturforskning, Oslo, 1933 analysiert und beschrieben. Die Sarkophage jenes Zeitraums sind insbesondere in der deutschen Forschungsliteratur behandelt worden: G. Rodenwaldt, F. Gerke, Fr. Matz, H. von Schoenebeck, vgl. die Bibliographie in L'Orange-von Gerkan, *Der spätantike Bildschmuck des Konstantinsbogens*, Berlin, 1939, S. 207, Anmerkung 4; vgl. auch Rodenwaldt, *op. cit.*, CAH, XII, 1939, S. 558. In dem bereits erwähnten Werk über den Konstantinsbogen habe ich das Material vorgestellt, auf dem meine Analyse der Stilentwicklung in dieser und der vorliegenden Untersuchung basiert (S. 192 ff).

[13] L'Orange-von Gerkan, *op. cit.*, S. 89 ff. Abb. 5 b, 16, 17, 22.

[14] Vgl. G. Rodenwaldt, „Reihung identischer Glieder", *SBBerl*, 1933, S. 1036 f.

[15] In *Oratio* fallen der Zusammenbruch des natürlichen Raumes und seine mechanische Einteilung in parallel zum Hintergrund verlaufende Schichten besonders ins Auge. Da der hier dargestellte Schauplatz, nämlich das Forum Romanum, noch erhalten ist, läßt sich seine Umwandlung durch den Künstler in sehr konkreter Weise analysieren. Im Hintergrund sehen wir die Bauwerke, die das Forum ein-

rahmen: von rechts nach links betrachtet den Septi-
mius-Severus-Bogen, die Rostra, den Tiberius-
bogen und die Basilica Julia. Während in Wirklichkeit die Basilica Julia im rechten Winkel zur Rostra
und zu den Vorderseiten der beiden Bögen steht,
wird sie auf dem Relief in die Reliefebene projiziert
und erhält die gleiche Front wie die anderen drei
Monumente. So umschließen die vier Bauwerke
nicht – wie in Wirklichkeit – einen dreidimensio-
nalen Raum, sondern sind in einer parallel zum
Boden des Reliefs verlaufenden *Schicht* angeordnet.
Und mit den Menschenmassen, die den von den
Gebäuden umschlossenen Raum füllen, geschieht
das gleiche wie mit der Architektur des Forums.
Natürlich sind diese Menschenmengen, die Konstantins von der Rostra herab gehaltener Rede lau-
schen, in Wirklichkeit in dem großen, offenen
Raum vor der Rostra versammelt und drängen sich
in räumlicher Tiefe nach vorn zum Redner hin.
Doch um die natürliche Entfaltung der dargestellten Figuren in räumlicher Tiefe zu vermeiden, projiziert der Künstler die Menschenmenge in die
Ebene und setzt die Figuren an die beiden Seiten der
Rostra; dort teilt sich die Menge in Doppelreihen
auf, die in schmalen Schichten parallel zum Boden
verlaufen. Praktisch entspricht das genau dem, was
auch in *Liberalitas* geschehen ist. Die Architektur
der beiden Flügel sollte eigentlich perspektivisch
gesehen werden, d. h. parallel verlaufen und am
Ende des Raumes in einem apsisähnlichen Ab-
schluß zum Kaiser und den Senatoren hinein-
führen. Und auch hier wieder sind die Menschenmassen, die sich in dem großen, offenen Raum
vor dem Kaiser und zwischen den Loggienbauten
zusammendrängen, in die Ebene projiziert und an
beide Seiten der in der Mitte thronenden Majestät
gestellt, wo sie sich in parallel zur Bodenebene verlaufende Reihen aufteilen. Vgl. L'Orange-von Gerkan, *op. cit.*, S. 81, 86 f., 98.

[16] Ein grundlegendes Werk über die Geschichte der
spätantiken Porträtkunst ist R. Delbrück, *Spätantike Kaiserporträts*, Berlin, 1933. Eine gute Darstellung der Entwicklung des spätantiken Porträts
findet man in G. von Kaschnitz-Weinberg, „Spätrömische Porträts", *Die Antike*, 2, 1926, S. 36 ff. Mein
oben erwähntes Werk *Studien zur Geschichte des spätantiken Porträts*, Oslo, 1933 enthält eine umfassende
Sammlung chronologisch geordneten Materials zur
Geschichte der Porträtkunst von der Mitte des dritten bis zum Ende des fünften Jahrhunderts.

[17] L'Orange, *Studien*, S. 37.

[18] *Ibid.*, Abb. 51–58, 64.

[19] *Ibid.*, S. 25.

[20] R. Delbrück, *Antike Porphyrwerke*, Berlin, 1932, S.
92 f., Abb. 38 f. L'Orange, *Studien*, S. 22 ff., Abb. 42,
44.

[21] L'Orange, *op. cit.*, S. 21 f., 53 f., 56, 64 f. A. Riegl,
Spätröm. Kunstindustrie, S. 48 f., Wien, 1901–1923.

[22] L'Orange, *Apotheosis in Ancient Portraiture*, Oslo,
1947, S. 116 ff.

[23] A. Boëthius hat diese auffallend parallelen Text-
stellen zusammengestellt. B. Gripenberg, *Det var
de tiderna*, zitiert nach A. Boëthius in *Svenska
Dagbladet*, 4·5. 1944. Vgl. O. Treitinger, *Die oström.
Kaiser- und Reichsidee*, Jena, 1938, S. 235.

Schlußbetrachtung

In dieser Untersuchung haben wir aufzuzeigen versucht, daß die Auflösung der Gesellschaft unter dem Prinzipat und die Errichtung einer neuen Ordnung unter dem Dominat ihre Parallelen im Bereich der Kunst hatten, daß es auch hier zu einem Zerfall und einer Neuordnung kam. Wir haben beispielsweise gesehen, wie der neue „Blockstil" in der Kunst gleichzeitig mit der Herausbildung massiver Strukturen in Staat und Gemeinwesen entstand und wie in beiden Bereichen die traditionelle Individualisierung und Gliederung der verschiedenen Elemente allmählich zurückgingen oder völlig verschwanden.

Eine solche Entsprechung zwischen der Struktur des Staates und den Formen der Kunst wäre leicht zu begreifen, wenn die Künste vom Staat gelenkt würden und die Stilform sich gewissermaßen aus dem Staat selbst herleitete – als Widerspiegelung des Staatssystems und im Dienste der Absichten des Staates. Wie wir gesehen haben, entstand die neue Sprache der Kunstformen jedoch *spontan*, als Ergebnis einer tiefgreifenden, folgerichtigen Entwicklung innerhalb der Kunst selbst und nicht durch einfache Widerspiegelung der in einem anderen Bereich menschlicher Aktivität ablaufenden Entwicklung – wenngleich es stimmen mag, daß wechselseitige Einflüsse zwischen den verschiedenen Bereichen bestanden und ihre Rolle bei der Gesamtentwicklung spielten. Die neuen Lösungen im Bereich der Architektur und der Kunst waren, wie wir festgestellt haben, stets das Ergebnis einer natürlichen Weiterentwicklung gewisser stilistischer Dispositionen der vorausgegangenen künstlerischen Situation, die Konsequenz besonderer, dem Material selbst innewohnender Eigenschaften. Die Ähnlichkeit zwischen der Form der praktischen Organisation und der der freien Kunst beruhte also auf einer Identität, die tiefer ging als die einer einfachen Widerspiegelung: nämlich auf dem Bedürfnis einer spezifischen Denkweise nach identischen Formen in allen Lebensbereichen; mit anderen Worten, sowohl die Form der praktischen Organisation als auch die der freien Kunst war Ausdruck der geistigen Haltung jener Zeit.

Man kann daher von autonomen *Entstehungs-* und *Verfalls*prozessen sprechen, die in der Welt der Kunst und der der Gesellschaft parallel stattfanden. So stellten das aufgelöste Imperium und die anarchischen Zustände in der zweiten Hälfte des 3. Jahrhunderts, wie wir gesehen haben, eine auffallende Parallele zu den „zersprungenen" Bildern und in physiognomischer Hinsicht „zerfallenen" Porträts der zeitgenössischen Kunst dar. Doch ebenso auffallend ist die Parallele zwischen den Strukturen der Gesellschaft und der Kunst während der darauffolgenden Reaktion auf die Anarchie unter Diokletian. Und wieder stellen wir fest, daß man zu identischen Lösungen kam – wobei nicht eine Lösung die andere widerspiegelte, sondern beide unabhängig voneinander erreicht wurden. Sie entstanden als logische Folge besonderer, jedem der beiden Bereiche menschlicher Aktivität innewohnender Eigenschaften. Die neue tetrarchische Staatsordnung, die als Lösung für die akute politische Situation erwuchs, wies in ihren charakteristischen Zügen – Symmetrie, Reihenformationen, mechanische Koordination – genau das gleiche Kompositionsmuster auf, das auch in der zeitgenössischen Kunst beherrschend wurde. Ebenso war in der Kunst dieses Kompositionsmuster eine Lösung, die sich aus den besonderen Anlagen in dem eigenen Formenschatz der vorangegangenen Zeit ergab. Es war die spontane Reaktion auf den „zersprungenen" Kompositionstypus – die aus den Fugen geratenen Bildelemente verlangten nach einer neuen Ordnung.

Wollten wir die Grundcharakteristika des beim Übergang vom Prinzipat zum Dominat stattfindenden Strukturwandels zusammenfassen, so treten sie vielleicht am klarsten zutage, wenn man sie unter zwei Aspekten betrachtet: dem der massiven Vereinfachung und dem der mechanischen Kristallisierung. Wir wollen unsere Untersuchung kurz unter diesen beiden Gesichtspunkten zusammenfassen:

Den massiven, alles aufsaugenden Formationen im staatlichen und gesellschaftlichen Leben entsprechen in der zeitgenössischen Architektur und Kunst die charakteristischen kompakten Formschöpfungen. Auch hier verschwinden die individuellen Gliederungen in unbeweglichen, blockartigen, festen Körpern. Wir haben bei der Porträtskulptur gesehen, wie der Rückgang der plastischen Formdifferenzierung einem neuen Empfinden für die kompakte Masse entsprach. Die Blockform, die hier durch die physiognomischen Züge hindurchbricht, hat auffallende Parallelen in dem gleichzeitig herrschenden kubischen Palaststil und den kompakten Mauerformationen, die nun die traditionelle architektonische Dekoration schlucken. Und überall weist der Block eine Tendenz zu Regelmäßigkeit und statischer Ruhe auf.

Im gesamten begrifflichen Bereich läßt sich eine Bewegung vom Komplexen zum

Einfachen, vom Beweglichen zum Statischen, vom Dialektischen und Relativen zum Dogmatischen und Autoritären, vom Empirischen zu Theologie und Theosophie hin feststellen. Es herrscht ein Trend zu einfachen, unkomplizierten absoluten Begriffen und Vorstellungen, die unerschütterlich in sich selbst fixiert sind. So neigt man, wie wir gesehen haben, dazu, den geschichtlich eingebundenen Sieg zum „ewigen Sieg" zu machen; der historische Sieger wird zum absoluten, zum „universalen Sieger", zum „Sieger über alle Völker". Wenn Taten oder Dinge in solchen absoluten Begriffen dargestellt werden, verlieren sie ihre individuellen Umrisse und ihre Anpassungsfähigkeit an Situationen, und alles Relative, Dialektische und Bewegliche verschwindet; sie werden einander gleich und gelangen in dieser Ähnlichkeit zur Ruhe.

In gleicher Weise bewegt sich die figürliche Kunst von den belebten Formen der Natur fort und zu einer festen, inflexiblen Typologie hin, von der plastischen Gliederung zum begrifflichen Bild, vom Körper zum Symbol. Die konkrete Darstellung der Natur wird in ein vereinfachtes, idealisiertes Bild hineingezwungen und kommt in diesem Bild zur Ruhe. So weichen, wie wir bei der Heiligen- und der Kaiserdarstellung gesehen haben, die individuellen menschlichen Züge einer höheren Typenordnung, die das unwandelbare Wesen des Heiligen charakterisiert. Hier finden wir eine sakrale Stereotypie, die das göttliche Wesen der Kaiser und der Heiligen fixiert und gleichzeitig ihren Platz innerhalb einer unveränderlichen hierarchischen Ordnung anzeigt.

Eine statische Welt der Typen und ewigen Ordnungen: Darauf ist der transzendente Blick der Spätantike, der durch unsere mannigfaltige und veränderliche Realität hindurchgeht, gerichtet. Und auf diese Weise versucht auch die Kunst die erhabenen, unwandelbaren Regelmäßigkeiten einzufangen, die hinter der sich stets wandelnden Vielfalt unserer Welt liegen. Eine festgelegte, mechanische Koordination tritt an die Stelle der freien Gruppierungen der früheren Kunst. In den großen Reliefkompositionen verschwindet der die Figuren umgebende freie Raum; sie verlieren ihre Mobilität. Gleichzeitig werden die Figuren gewöhnlich in Reihen gestellt, wobei identische Elemente endlos wiederholt werden. Und dieses System wird zusätzlich noch dadurch verfestigt, daß diese Reihen oder Paare identischer Elemente symmetrisch um ein festes Zentrum herum angeordnet sind. Die größte Stabilität in diesem statischen System wird erreicht, wenn die Hauptachsen der Komposition parallel zum Rahmen verlaufen; dadurch werden alle Bildelemente innerhalb eines geometrischen Koordinatensystems fixiert.

Eine ähnliche Einordnung von Inhalten in eine unbewegliche, statische Ordnung kommt auch durch die Systematisierung des Glaubens und der Lehre zustande, die während der Spätantike die vielgestaltige Religiosität und dialektische Weisheit der Antike völlig verändert. Der Neuplatonismus nach Plotin wird zur spekulativen Theologie, welche die verschiedenen klassischen Kulte zu einem systematischen Ganzen kombiniert und die religiöse Bewegung – mit Ausnahme des Christentums – zum Stillstand bringt. Die philosophische Theologie des „hellenistischen Scholasten" Proklos (410–485 n. Chr.) kennzeichnet den Endpunkt dieses Prozesses. Die Religionen und philosophischen Lehren der Antike tauchen in seinem allumfassenden System, das die griechische Ideenwelt in eine „Hierarchie der Mythologeme"[1] verwandelt, auf und erhalten eine Art versteinerter Autorität. Auch in den christlichen Lehren weicht die theologische Dialektik früherer Zeiten zunehmend autoritären und unbeweglichen Auffassungen.[2] Während des 3. und 4. Jahrhunderts findet auf der Grundlage der Theologie von Clemens und Origines eine immer systematischere Ausarbeitung der Lehre statt, die sich am Ende als katholischen Dogma herauskristallisiert. Wie wir gesehen haben, ist das charakteristische spätantike Bemühen des christlichen Imperiums, das gesamte religiöse Leben den festgesetzten Normen einer „Staatskirche" unterzuordnen, schon unter Aurelian und der Tetrarchie erkennbar.

So weist in allen Bereichen menschlichen Strebens der *Entstehungs-* und *Verfalls*prozeß eine Tendenz zu vereinfachten, massiven und gleichzeitig statisch fixierten Formen auf. Ist es nicht, als panzere und verschließe sich das Leben selbst während dieser großen, gefährlichen, allumfassenden Umgestaltung von der Antike zum Mittelalter hin in diesen massiven Blöcken und unzerbrechlichen, starren Systemen, welche die Bereiche Staat, Kunst und Religion beherrschen? So panzerten und verschlossen sich in dieser Zeit Rom und Konstantinopel und hinter dem *limes* das gesamte römische Imperium buchstäblich in der harten Schale der mächtigsten Festungen der Antike. Ist es nicht, als opferte das Leben selbst, sowohl das geistige als auch das körperliche, die Freiheit und Beweglichkeit zugunsten von Sicherheit und Dauerhaftigkeit? Wer weiß, ob der Same ohne diese feste Schale hätte überleben können?

Anmerkungen

[1] W. Windelband-A. Goedeckemeyer, *Geschichte der Abendländischen Philosophie im Altertum* (Handb. d. Klass. Altertumswiss., V, I, I, 1923), München 1923, S. 295.

[2] A. von Harnack, *Grundriß der Dogmengeschichte*, S. 150, 209, 232 ff., 235. Windelband-Goedeckemeyer, *op. cit.*, S. 301, 284 ff.

Ara Pacis Augustae

Das Monument, das wir im folgenden Artikel *Ara Pacis* nennen und das in der Tradition der Lehrmeinungen bis hin zu von Duhn unter dieser Bezeichnung läuft, hat gemäß der von Stefan Weinstock vorgetragenen These (*Journal of Roman Studies*, 50, 1960, S. 44 ff.) kein Anrecht auf diesen Namen. Das einzige Argument, das Weinstock zufolge für den Beweis, daß die Ara Pacis auch wirklich die Ara Pacis ist, vorgebracht werden könnte, ist der Ort, an dem sie gefunden wurde, nämlich unter dem Palazzo Fiano auf dem Marsfeld – und die Ara Pacis befand sich nach den *Res gestae* des Augustus auf dem Marsfeld. Aber dieses Argument, so Weinstock, ist nicht zwingend, da das Marsfeld weiträumig war und dort viele Monumente standen (op. cit., S. 53). Dies ist in der Tat richtig, aber, so müssen wir uns doch fragen: Wie viele dieser Monumente waren monumentale Altäre?

Die Ara Pacis Augustae war jedenfalls ein monumentaler Altar, und dies gilt auch für das Monument, das unter dem Palazzo Fiano gefunden wurde. Und außerdem müssen wir uns fragen: Wie viele der monumentalen Altäre auf dem Marsfeld gehen wirklich auf die augusteische Zeit zurück? Die Ara Pacis Augustae der *Res gestae* war ein monumentaler Altar aus der Zeit des Augustus, und auch das Monument, das unter dem Palazzo Fine gefunden wurde, war ein monumentaler Altar der augusteischen Zeit. Gab es auf dem Marsfeld mehr als einen solcher monumentaler Altäre aus der Zeit des Augustus? Dies erscheint mir wenig wahrscheinlich. Im Gegensatz zu Weinstock denke ich also, daß überaus gewichtige Gründe für die Annahme sprechen, daß der monumentale Altar der augusteischen Zeit, der auf dem Marsfeld gefunden wurde, mit dem monumentalen Altar aus der Zeit des Augustus identisch ist, der sich gemäß unserer historischen Quellen auf dem Marsfeld befand.

Weinstock behauptet, daß es auf der Ara Pacis nicht einmal die entfernteste Anspielung auf die Pax gebe, weder auf die Göttin selbst noch auf die Symbole und Attribute noch auf den Paxkult (op. cit., S. 53). Ich beabsichtige nicht, gegen diese Behauptung Weinstocks die überaus kenntnisreiche Dokumentation Krister Hanells (op. cit., 2, 1960, S. 35 ff.) ins Feld zu führen, der auf den Reliefs der Ara Pacis nicht nur wesentliche Elemente des *sacrificium anniversarium* für die Pax wiedererkennt, sondern auch die Göttin selbst, und zwar gerade in der Hauptszene auf der

Nordseite, wo Augustus ihr nach Hanell das Opfer darbringt. Ich erinnere lediglich an zwei Details auf dem Friesfragment, das den zentralen Altar umgibt, Details, die eindeutig auf das *sacrificium anniversarium* für die *Pax* hindeuten: In der hier dargestellten Opferprozession schreiten nicht nur die sechs Vestalinnen einher, die nach den *Res gestae* bei diesem *sacrificium* anwesend waren (Moretti, op. cit., Abb. XXVIII, XXXV), sondern es treten auch *victimae* auf, die in besonderer Weise zur *Pax* gehören, nämlich zwei Kälber (Moretti, op. cit., Abb. XXXIV, XXXI, XXX). Da das Geschlecht der beiden Tiere nicht näher bestimmt ist, wird offensichtlich, daß es sich weder um Stiere noch um Kühe handelt. Weinstock vertritt die These, daß das Geschlecht nicht angedeutet worden sei, um uns zwischen Stier und Kuh frei wählen zu lassen (op. cit., S. 54). Eine solche freie Wahl scheint mir im Widerspruch zum Wesen der antiken Kunst zu stehen.

Völlig richtig stellt Weinstock die dynastische Bedeutung des Monuments fest und unterstreicht diese (op. cit., S. 56 ff.), aber ausgehend von dieser Feststellung schließt er die Möglichkeit aus, daß es sich um ein der *Pax* gewidmetes Monument handelt. Das Monument ist ein Lob der *Pax* und gleichzeitig des *Pacificus*. Auf diese Weise fügen sich Äneas, Ascanius und die Penaten mit ihren mythischen Bindungen an die *Gens Iulia* gut in ein Monument für die *Pax Augustae* ein. Wie Weinstock auch selbst sagt, besteht zwischen dem Kaiser und der *Pax* eine Verbindung. Am Tag der Pax, am 30. Januar, wurden für das *Imperium* des Augustus, das den Frieden sicherte, Gebete gesprochen: „Zum Fest der *Pax* richteten sich die Römer nicht an das Imperium Roms, sondern an das augusteische *Imperium*" (Weinstock, op. cit., S. 69). Der Name *Ara Pacis Augustae* selbst scheint mir auf deutlichste Weise die dynastische Bedeutung des Monuments zu betonen, das jedoch, trotz dieser Bedeutung, der *Pax* gewidmet bleibt. Gleichzeitig kommt die Vorstellung von der *Pax Augustae* – im Sinne der *Pax*, die den *augus* der Natur, nämlich die Zunahme, das Wachsen und Blühen der Dinge hervorruft – im floralen Bereich des Monuments zu ihrem angemessenen und anschaulichsten Ausdruck (Vgl. die ausführliche Argumenation von J. M. C. Toynbee gegen Weinstocks These: „The Ara Pacis Augustae", in: *Journal of Roman Studies*, 51, 1961, S. 153 ff.).

127. Rom, Ara Pacis.
Gesamtansicht
128. Rom, Ara Pacis.
Einfriedigung und Altar

ARA · PACIS · AVGVSTAE

129. Rom, Ara Pacis.
Pflanzenfries vor der Rekonstruktion des Monuments

130. Rom, Ara Pacis.
Detail der sog. Saturnia Tellus
131. Rom, Ara Pacis.
Detail der inneren Einfriedigung mit Feston

132. Rom, Museo Capitolino.
Augustus mit Ährenkranz

133. London, British Museum.
Augusteische Münze;
auf dem Revers Kornähre

134. Rom, Lateranbaptisterium.
Detail des Mosaiks mit Akanthusranken
135. Konstantinopel, Archäologisches Museum.
Byzantinisches Kapitell mit Akanthusdekor
Folgende Seite:
136. Rom, San Clemente.
Apsidialmosaik mit Kreuzigung
zwischen Akanthusranken

CRVCIS·IACOBIDENS·IGNATIO·INSVPRA·SCRIPTI·REQVIESCVNT·CC

Die florale Zone

Es wird schon seit langem allgemein die Ansicht vertreten, daß die Reliefs an der Innenwand der Umfriedung der Ara Pacis die Holzwand wiedergeben sollen, die ursprünglich den heiligen Ort umgab.[1] Die untere, in eine mit kleinen Palmen verzierte Brüstung auslaufende Dielung wird von Pilastern eingeschlossen, die sich dann soweit verlänger, bis sich oben, am Wandende, ein Gebälksystem nach Art eines Laubengangs stützen. Im freien Raum über der Brüstung hängen Bukranien, Paterae und Girlanden aus Früchten und Blumen herab (Abb. 127, 128). Die Reliefs im Inneren sind also nur dem Anschein nach in zwei Bereiche unterteilt: in das untere Relief mit dem Bretterzaun und das obere, einem Laubengang ähnelnde Relief mit den herabhängenden Gegenständen, die auf das Opfer hindeuten. Vielmehr ergibt dies alles ein einziges Formengebilde: die ursprüngliche Umfriedung, in der an jenem 4. Juli des Jahres 13 die Altargründung stattfand. Die schlanken korinthischen Pilaster, die sich entlang der gesamten Wandfläche emporstrecken, bilden das vereinheitlichende Element.

An der Außenwand der Umfriedung ist die Unterteilung in zwei klar unterschiedene Reliefs hingegen sehr deutlich: wir haben hier einen oberen figürlichen Fries und einen unteren Fries mit floraler Dekoration, die beide durch ein klar gezeichnetes mäandrisches Band voneinander getrennt werden. Dieselben schlanken korinthischen Pilaster, die im Inneren den oberen und unteren Teil der Darstellung an der Holzumfriedung miteinander verbanden, kehren senkrecht zur horizontalen Flächeneinteilung wieder. Sie sind an den Stellen, die den inneren entsprechen, das heißt an den Ecken und an den beiden Türseiten eingefügt und laufen bis zum Hauptgesims an der gesamten Wandfläche entlang. Auf diese Weise begrenzen und umschließen überall zwei Pfeiler sowohl ein Relief des unteren als auch eines des oberen Bereichs. Wie wir noch sehen werden, findet diese Korrelation in der inhaltlichen Einheit ihre Entsprechung.

Der untere Bereich mit floraler Dekoration ist um einiges höher als der obere figürliche Bereich. Die floralen Reliefs haben damit den größeren Anteil an der Dekoration der äußeren Umfriedungswände. Was ist nun also die Bedeutung dieses überaus umfangreichen floralen Schmucks, der in allen sechs Teilflächen entsprechend der sechs darüber befindlichen figürlich geschmückten Felder beharrlich wie ein immer wiederkehrender Kehrreim das gleiche Thema wiederholt[2]?

Bevor wir versuchen, eine Antwort auf diese Fragen zu finden, wollen wir kurz das Wesen des floralen Ornaments beschreiben, das im wesentlichen in allen sechs Feldern immer gleich wiederkehrt[3]. In der Friesmitte oberhalb der unteren Profilbildung taucht aus unbestimmter Wassertiefe ein kräftiger Akanthusstrauch auf. Aus der Tiefe des Strauchs erhebt sich bis hinauf zum oberen Gesims ein belaubter Stengel in Form eines Kerzenleuchters, der die Mittelachse des Frieses bezeichnet. In strenger Symmetrie, der nur Einzelheiten entgehen, verteilen sich Ranken um diesen Stengel herum. Die Ranken und ihre Verzweigungen verlaufen nach oben und zu beiden Seiten hin in großen, gleichmäßig wogenden oder kreisenden Bewegungen und bedecken auf diese Weise alle Tafeln mit ihren dynamischen Verschlingungen, Voluten und Schleifen. Die Verzweigungen der Ranken öffnen sich schließlich zu großen Fantasieblumen, oft auch zu kleinen Palmen und einige Male zu Efeublättern. Diese wunderbaren Blumen befinden sich in der Mitte der verschiedenen Schleifen und verteilen sich mit diesen gleichmäßig über die gesamte Oberfläche des Reliefs. Die Stengel weisen charakteristische Kanneluren auf, die den Eindruck von lebendiger, echter Natur noch unterstützen.

Im Hinblick auf die bisher in Betracht gezogenen Aspekte ordnet sich das florale Ornament der Ara Pacis in die große klassische Tradition ein und nimmt in der Kunst des 5. Jahrhunderts v. Chr. seinen Ursprung[4]. Der mächtige Akanthusstrauch in der Mitte, die wogenden und kreisenden Bewegungen der Ranken mit den gleichförmigen Voluten, die fantastischen, häufig palmartigen Blumen, dieselben charakteristischen Kanneluren der Stengel, allen diesen Elementen begegnet man schon in der griechischen Malerei und Skulptur des 5. und 6. Jahrhunderts. Dort wie auf der Ara Pacis liegt das entscheidende Moment in der besonderen Dynamik der Kurven, Schleifen und Voluten der Sprößlinge: Bewegungen, die in unseren Augen die vitalen pflanzlichen Energien sinnfällig machen. Es ließe sich ein Vergleich anstellen mit den ausdrucksvollen, elastischen Kurven in den Voluten und den *helices* der Kapitelle und in der gesamten architektonischen Ornamentik, deren kennzeichnendster Ausdruck das *kyma* ist.

Die bis zur römischen Epoche fortschreitende Metamorphose des Archetyps ist, wie Moretti, Kraus und andere gezeigt haben, daran erkennbar, daß der Realismus in der Darstellung einzelner Teile der Ranken, die sich allmählich immer stärker der Natur annähern, betont wird. Die besondere *Pflanzlichkeit* der Ranken an der Ara Pacis, welche die kühnsten Fantasien in Blumen und Blättern wie lebendige Natur erscheinen läßt, ist bereits unterstrichen worden[5]. Zum Teil ist die Wirkung organischen Wachstums das Ergebnis einer spezifischen „Akanthisierung" aller Einzelheiten und einer fortwährenden Aufgliederung der Stengelhülse durch kleine Blätter. Die Reptilien, Schlangen, Glühwürmchen, Frösche und Skorpione, die in dem Schößlingsgewirr leben, und die Insekten und Vögel, die zwischen den Blättern herumschwirren, tragen dazu bei, diesen realen Eindruck zu verstärken.

Der besondere Charakter der Ranken auf der Ara Pacis entsteht also durch den Eindruck von Natur in einem Märchen von Wachstum und vegetaler Üppigkeit. Das Leben der Pflanzen ist in dieser übernatürlichen Fruchtbarkeit und Fülle gegenwärtig. Und da sich das Wachstum nicht entlang eines flachen Frieses entfaltet, sondern um einen vertikalen Stengel herum im Zentrum in die Höhe steigt und sich großflächig sowohl in die Höhe als auch in die Breite ausdehnt, ist der kraftvolle Ausdruck so außerordentlich wirkungsvoll. Jubel liegt in diesen gespannten Linien, welche die Ausbreitung der Pflanzen in die Höhe beschreiben, und Freude über die vitale Fülle lebt in den großen Blumen, die mit der ganzen Kraft ihrer inneren Spannung den Voluten entspringen. Hier ist die Natur zu allem fähig. Aus den Akanthusstengeln wachsen nicht nur fantastische Blumen, sondern alle möglichen Arten von Pflanzen, Blumen und Früchten. Rebstöcke mit Blättern und Trauben treiben aus den Ranken heraus, das Efeu entspringt den Verzweigungen des Rankengewirrs, manchmal kommt es auch in der Mitte der Voluten zum Vorschein, Lorbeerzweige wachsen aus den Wurzeln.

Diese außergewöhnliche Kraft und Üppigkeit des vegetalen Lebens wird in der augusteischen Literatur als Werk des Friedens, als Wirkung der *Pax Augusta* verherrlicht. Wie ein Kehrreim kehrt das Motiv des blühenden Wohlstands in der Hymne an den neuen Friedensregenten wieder. Kurz vor der Altargründung lobt Tibull in seiner berühmten Friedenselegie[6] den fruchtbaren Einfluß der *Pax* auf die Natur: *Pax* bestellt das Land, *Pax* zwingt die Ochsen unter das Joch, *Pax* kümmert sich um den Wein und bereitet seinen Saft vor:

Interea Pax arva colat. Pax candida primum
duxit araturos sub iuga curva boves.
Pax aluit vites et sucos condidit uvae.

Mit *Pax*, sagt Horaz, kehren die römischen Tugenden und der glückliche Wohlstand der Natur wieder: *beata pleno copia cornu*[7]. Die Götterfeiern, sagt Ovid, nähren sich an *Pax; Ceres* ist die Tochter der *Pax: Pacis alumna*[8]; Ceres freut sich an *Pax*[9]:

Pace Ceres laeta est; et vos orate, coloni,
perpetuam pacem, pacificumque ducem.

227

Es ist kein Zufall, daß die beiden Feiern der Pax, die am Gründungstag und am Einweihungstag[10] des Altars an der Ara Pacis stattfanden, direkt mit den Feierlichkeiten von *Tellus*, der Mutter Erde[11], in Verbindung standen. In verschiedener Hinsicht fand mit der Einführung des neuen Paxkultes eine Annäherung zwischen *Tellus* und *Pax*[12] statt. Indem Augustus der Welt den Frieden sicherte, gab er der Natur die saturnische Glückseligkeit zurück, leitete er ein neues *aureum saeculum* ein, das Horaz in seinem *carmen saeculare* feiert und das Vergil von Anchises dessen Sohn ankündigen läßt[13]:

Hic vir hic est, tibi quem promitti saepius audis
Augustus Caesar, Divi genus, aurea condet
saecula qui rursus Latio...

Die Gesamtheit dieser Vorstellungen zeigt sich ebenfalls an den augusteischen Münzen, die ein Ährenband mit der Inschrift: *Augustus*[14] tragen. Dem gleichen Gedanken begegnen wir, wenn Augustus' Kopf von einer Ährenkrone umgeben ist, sowie in einem Marmorbild in der Sala dei Busti im Vatikan[15]. Angesichts solcher Darstellungen des *Pacificus Augustus* ließen sich Tibulls Worte zitieren[16]:

At nobis, Pax alma,
veni spicamque teneto...

In prophetischen Worten kündigte Vergil zwei oder drei Jahrzehnte vor der Gründung der Ara Pacis in seiner berühmten Ekloge IV die Geburt des göttlichen Kindes, den neuen Friedensherrscher und die universelle Glückseligkeit an, die jenen neuen Friedensherrscher jetzt, nachdem die Schrecken des Krieges vorübergegangen waren, begleiten sollte. Mit der Tugend der Vorfahren wird er eine befriedete Welt regieren. *Pacatumque reget patriis virtutibus orbem.* Das goldene Zeitalter steigt von den Himmeln herab: *Iam regnat Apollo.* Und dann folgt die Beschreibung, wie die gesamte Natur, weit über das gewohnte Maß hinaus, mit Kraft und Freude erblüht. Da die Stelle eine überraschende Parallele zu der Darstellung des üppigen vegetalen Lebens auf der Ara Pacis bietet, zitieren wir die Verse *in extenso* (18 ff.):

At tibi prima, puer, nullo munuscula cultu
errantes hederas passim cum baccare tellus
mixtaque ridenti colocasia fundet acantho;
ipsae lacte domum referent distenta capellae
ubera, nec magnos metuent armenta leones;
ipsa tibi blandos fundunt cunabula flores;
occidet et serpens, et fallax herba veneni
occidet; Assyrium vulgo nascetur amomum.

At simul heroum laudes et facta parentis
iam legere et quae sit poteris cognoscere virtus,
molli paulatim flavescet campus arista,
incultisque rubens pendebit sentibus uva,
et durae quercus sudabunt roscida mella.

Hinc ubi iam firmata virum te fecerit aetas,
cedet et ipse mari vector, nec nautica pinus
mutabit merces; omnis feret omnia tellus;
non rastros patietur humus, non vinea falcem;
robustus quoque iam tauris iuga solvet arator;
nec varios discet mentiri lana colores,
ipse sed in pratis aries iam suave rubenti
murice, iam croceo mutabit vellera luto;
sponte sua sandyx pascentis vestiet agnos.

Wie man sieht, werden die Gaben, die zu Ehren des Herrschers aus der Erde hervor-
dringen, immer reicher von den *munuscula*, die Tellus zur Geburt des göttlichen
Knaben darbringt, bis zu den *omnia*, die Tellus entstehen läßt, als aus dem Knaben ein
reifer Mann geworden ist. „Am Anfang, o Knabe, wird dich die Erde ohne jede Bestellung mit kleinen Gaben überhäufen, hier und dort das mit *baccar* und *colocasia* empor-
kletternde Efeu, das mit dem lachenden Akanthus vermischt ist . . . Die gleiche Wiege
wird köstliche Blumen für dich hervorbringen. Die Schlange wird vergehen und
ebenso wird auch das giftige trügerische Unkraut vergehen . . . Überall wird assyrisches
amomum aufkeimen“.

Daß die Erde ohne weitere Bestellung *(nullo cultu)* das Efeu gedeihen läßt, ist ver-
ständlich, da das Efeu eine wildwachsende Pflanze ist. Worauf hier Bezug genommen
wird, muß daher eine Efeuart sein, was sich mit *baccar (cum baccare)* vermischt. Uns
wird ein Bild von vegetalem Leben entworfen, in dem der kostbare balsamische baccar
eine Verbindung mit dem Efeu eingegangen ist oder vielleicht aus dem Efeu hervor-
sprießt; und in dem weiterhin die herrliche ägyptische Colocasia mit ihren großen
Blüten und Blättern eine Verbindung mit dem Akanthus eingegangen ist oder vielleicht aus dem Akanthus hervorwächst (mixta acantho). Das assyrische Amom, eine
exotische aromatische Pflanze, fügt sich gut in diesen Rahmen ein. Die gleiche Üppigkeit, die gleiche universelle blühende Kraft finden im animalischen Leben ihre Entsprechung: „die Ziegen kehren selbst mit milchgefülltem Euter nach Hause zurück
und die Herden fürchten die mächtigen Löwen nicht . . .“.

Wenn aus dem neuen Friedensherrscher ein Jüngling geworden ist, werden sich auch die Gaben der Erde vervielfachen: das Korn wird ohne jede weitere Kultivierung zur Reife kommen, wilde Früchte und Honig werden aus den Wäldern hervorquellen. „Aber noch bevor du imstande sein wirst, das Heldenlob und die Taten deines Erzeugers zu lesen und zu wissen, was *virtus* heißt, wird das Feld in Ähren auf biegsamen Halmen erblonden, wird die rötliche Traube von unbeschnittenen Sträuchern herabhängen und werden die harten Eichen den Honig wie Tau hervorquellen lassen". Wenn aber der Friedensherrscher zum Mann herangewachsen sein wird, dann wird die Erde aus ihrem Schoß alles darbieten, überall wird die Natur ohne Eingriffe von Menschenhand, keimen, *omnis feret omnia tellus*.

„Hat sich das Alter dann gefestigt und aus dir einen Mann werden lassen, wird sich der Seefahrer vom Meer zurückziehen und das Segelschiff nicht mehr seine Waren tauschen: überall wird die Erde alles hervorbringen. Die Erde wird nicht mehr unter dem Rechen leiden und der Weih nicht mehr die Sichel spüren; der kraftvolle Ackersmann wird die Ochsen vom Joch spannen. Auch die Wolle wird nicht mehr lernen, in verschiedenen Farben zu lügen, vielmehr wird das Vlies des Widders von selbst in den Wiesen einmal mit Purpur sanft rötlich, einmal safranfarben werden; Scharlach wird das natürliche Kleid der äsenden Lämmer sein".

Daß sich die Darstellungen dieser universellen Blütezeit bei Vergil und auf der Ara Pacis allgemein entsprechen, ist so offensichtlich, daß sich weitere Gegenüberstellungen erübrigen. Es kommt uns lediglich darauf an, hervorzuheben, wie sowohl der Dichter als auch der Bildhauer analogisch alles das betont haben, was an Wunderbarem und Übernatürlichem in dieser Blütezeit geeignet ist, unsere Gedanken auf die Gottheit, auf Pax hin auszurichten.

Auf der Ara Pacis entspringen die großen fantastischen Blumen aus den Ranken wie sich bei Vergil kostbare exotische und aromatische Pflanzen mit Efeu und Akanthus mischen oder aus ihnen keimen. Sowohl bei Vergil wie auch in der Ara Pacis bersten die wildwachsenden Pflanzen von der Fülle an Weintrauben. Der ganze Reichtum der Ranken an Früchten und Blumen kann als Illustration der vergilschen Beschreibung des Friedenswunders dienen, wenn der neue Friedensherrscher schließlich ein erwachsener Mann geworden ist: *omnis feret omnia tellus*.

Ist nicht vielleicht dies das Wunder, das dem Künstler des *Italia-Tellus-Reliefs*[17] (Abb. 130) an der östlichen Frontseite der Ara Pacis vor Augen schwebte, als er hinter dem linken Arm der Göttin die verschwenderischen Trauben von Früchten und Blumen aus dem nackten Stein hervortreiben ließ? Wie unter Moses' Stab Wasser aus dem Felsen hervorquoll, so brechen hier vielleicht unter der Berührung einer Gottheit Korn, Blumen, Blätter und Samenkapseln aus dem Stein hervor.

Während der ganze obere figürliche Fries der Ara Pacis dem Friedensherrscher gewidmet ist[18], der zusammen mit den Ursprungsmythen des Imperiums, welche die Weissagungen über Augustus (das Äneasopfer, die Luperkalien) enthielten, und der dem Reich (Rom, Italien) wohlgesonnenen Gottheiten gezeigt wird, die durch Augustus den universellen Frieden stiften, ist der untere Bereich vollständig mit der Darstellung der blühenden Natur gefüllt. Wie wir gesehen haben, stimmen die beiden Bereiche vollkommen überein, was in der zeitgenössischen Literatur der Vorstellung von der engen Beziehung zwischen *Pax* und der überströmenden Vegetation – *Ceres, Tellus* – entspricht[19]. Diese enge Beziehung zwischen den Welten der beiden Bereiche wird im konkreten Bild der Schwäne, welche die Ranken des unteren Frieses krönen, ausgedrückt. Betrachten wir sie doch etwas näher:

Die Tiere im unteren Teil unseres floralen Bereichs – Vögel, Reptilien etc. – werden erst bei eingehender Betrachtung sichtbar. Die Schwäne längs des oberen Randes – jeweils zu zweien auf den Reliefs der kurzen Seiten, jeweils zu sechsen auf den Reliefs der langen Seiten – ziehen demgegenüber sofort die Aufmerksamkeit auf sich und prägen sich als ein wichtiges Kompositionselement ein. Um den Gegensatz zu den kleinen Tieren des unteren Bereichs zu verstärken, sind die Schwäne gleichmäßig auf gleicher Höhe und in strenger Symmetrie um die Mittelachse des Frieses verteilt. Soweit sich aus den erhaltenen Resten schlußfolgern läßt, trat bei den Schwänen jede Veränderung in Form und Stellung in gleicher Weise auf beiden Seiten der Mittelachse des Frieses, also symmetrisch auf. Mit ihren ausgebreiteten Flügeln scheinen die Vögel zu fliegen, doch setzen ihre Beine auf einem Untergrund aus Stengeln auf, die sich unter ihrer Last biegen: sie landen gerade. Während ihre Körper in der Vegetation hocken, ragen die bis zum oberen Rand hin ausgebreiteten Flügel über diese hinaus, der Hals ist in Richtung der Pflanzen gekrümmt und der Kopf zeigt in die Horizontale.

Mit den Schwänen steigt die göttliche Harmonie Apolls[20] auf die Erde herab: von daher das Gleichmaß und die große Harmonie ihrer Erscheinung. Augustus selbst ist aber ein neuer Apoll[21]. In den Schwänen ist also, wie längst erkannt wurde[22], der neue Friedensherrscher gegenwärtig. Sie verwandeln die göttliche Berührung der Natur in ein sichtbares Bild. Das Flügelrauschen der apollinischen Vögel greift auf der Erde als Ranke um sich. „Die Erde und das Meer sind voll von euch", preist ein Panegyriker der Spätantike seinen kaiserlichen Herrscher[23]. Horaz wendet sich an Augustus wie an einen neuen Apoll, der dem Volk und dem Vaterland Licht und Frühling bringt[24]:

lucem redde tuae, dux bone, patriae:
instar veris enim voltus ubi tuus
adfulsit populo, gratior it dies
et soles melius nitent.

Als treibende Kraft, als Sonne und Frühling ist das Friedensoberhaupt in der Natur gegenwärtig. Wie der Schwan Apolls Vogel ist, so ist der Lorbeer Apolls Baum. Wenn in den beiden floralen Friesen der langen Seiten die Lorbeerzweige mit den Akanthusranken miteinander verwachsen, tritt damit wieder die Vorstellung von Apoll und Augustus in Erscheinung. In unseren Reliefs winden sich die Lorbeerzweige so, daß sie als Krone verstanden werden können[25]. Die Krone des Herrscherlorbeers wäre die Assoziation, die sich dann aufdrängt.

Das Loblied, das Literatur und Kunst auf den kaiserlichen Friedensherrscher, der die Natur befruchtet, anstimmen, wird über Jahrhunderte hin widerhallen. Frieden und blühender Wohlstand werden feste Attribute des Kaisers werden.

Der Panegyriker Nazarius beschließt seine zu Ehren Konstantins und seiner Verdienste gegenüber Rom verfaßte Beschreibung des konstantinischen Krieges gegen Maxentius mit dem Lobgesang auf die Fruchtbarkeit der Natur unter dem kaiserlichen Szepter: *Omnia foris placida, domi prospera annonae ubertate, fructuum copia*, etc.[26]. Die *felicitas* des Kaisers wandelt sich zu blühendem Wohlstand des Volkes, des gesamten Universums, *felicitas publica, felicitas saeculi*, und stellt in der Natur eine Art universelles Wohlbefinden her. Der ganze *Genethliacus Maximiano Augusto* verharrt in ähnlichen Überlegungen[27] ... *id nunc audeo praedicare: ubicumque sitis (d.i. Maximian und Diokletian) ... divinitatem vestram ubique versari, omnes terras omniaque maria plena esse vestri ... scimus omnes, antequam vos salutem reipublicae redderetis, quanta frugum inopia, quanta funerum copia fuit fame passim morbisque grassantibus. Ut vero lucem gentibus extulistis, exinde salutares spiritus jugiter manant. Nullus ager fallit agricolam, nisi quod spem ubertate superat. Hominum aetates et numerus augetur. Rumpunt horrea conditae messes et tamen cultura duplicatur. Ubi silvae fuere, jam seges est: metendo et vindemiando deficimus.*

Die offizielle Kunst wird nicht müde, den blühenden Reichtum der Natur unter dem Einfluß dieser fruchtbringenden Tugend des Kaisers darzustellen. Überall ist, wie auf der Ara Pacis, das Bild in zwei Bereiche unterteilt: den oberen mit der Darstellung des Kaisers und seiner siegreichen Kraft *(Victoria)*, den unteren mit der Darstellung der befruchteten Welt.

Auf dem Bogen des Septimus Severus und dem Konstantinsbogen in Rom, die hier als Beispiele herangezogen werden können, ist der Kaiser in seiner siegreichen und schöpferischen Kraft in einem oberen Bereich dargestellt und in einem darunterliegenden Band acht Flußgötter, vier auf jeder Seite. Innerhalb der Felder, welche die mittlere Bogenleiste flankieren, schwebt auf beiden Seiten die Victoria und unter ihr zeigt sich ein Jahreszeitengenius. Die Flußgötter, welche die Reichsprovinzen personifizieren und hier die Totalität des *orbis romanum* darstellen sollen, haben die Bedeutung von Fruchtbarkeitsgottheiten, eine Bedeutung, der sich der Begriff von Wachstum und

Wohlbefinden beimischt. Diese Bedeutung wird durch vier Jahreszeitengenien vertieft, die mit ihren Fruchtbarkeitsattributen die Reifung und Fülle der verschiedenen Jahreszeiten im Jahreslauf versinnbildlichen. Dem allgemeinen Wohlbefinden des Universums, das unter der siegreichen Herrschaft Konstantins im ganzen Reich aufblüht, wird damit auf die gleiche Weise wie mit den oben zitierten Worten des Panegyrikers Ausdruck gegeben.

Die Auffassung vom Herrscher als der Quelle des Wohlbefindens für das Land ist bekanntlich eine primitive und ziemlich verbreitete Vorstellung[28], die beispielsweise im antiken Ägypten klar zum Ausdruck kam. In griechisch-römischen Zeiten wurden die ptolemäischen Könige und die römischen Kaiser als Sämann Triptolemos dargestellt. Auf diese Weise können die eleusinischen Mysterien des Wachstums und der Erneuerung ihren Einfluß auf den Kaiserkult ausgeübt haben[29].

Es scheint eine allgemein verbreitete Auffassung gewesen zu sein, daß die Natur unter göttlicher Berührung oder bei Erscheinen der Gottheit im höchsten Maß Früchte trägt, ihr Schönstmögliches hervorbringt, in übernatürlicher Macht und Fülle erblüht. Als Zeus Hera auf dem Berge Ida umarmt, entsteht unter den Liebenden ein Teppich aus Kräutern und Blumen[30]. Wenn Venus in Erscheinung tritt, lächelt die Natur und die Erde, Meisterin der Kunst, läßt die schönsten Blumen zu ihren Füßen knospen[31].

tibi suavis daedala tellus
summittit flores ...

So wie Vergil Blumen aus der Wiege des Neugeborenen wachsen läßt, wird die christliche Kunst nicht müde, die Natur um das Jesuskind herum erblühen zu lassen. Mit sublimer Bedeutung begleiten die symbolischen Ranken Christus und die Heiligen, wie sie schon den Friedensherrscher auf der Ara Pacis begleiteten.

Unter all den Darstellungsweisen von blühender Natur nimmt der klassische Akanthusstrauch mit seinem dynamischen Linienspiel eine ganz besondere Stellung ein, weil er der starken, unwiderstehlichen vegetalischen Üppigkeit Ausdruck verleiht. Dieser Schmuck, wie wir ihn unübertroffen in Aufgliederung und Reichtum im floralen Bereich der Ara Pacis sehen, wird mit der Wende der Zeiten in seiner Form zum typischen Symbol der blühenden Natur, mehr noch des jubilierenden Universums werden, und in dieser Bedeutung kennt man ihn in der Spätantike und im Mittelalter. Das berühmte Mosaik in einer der beiden Apsiden im Vorraum des Lateranbaptisteriums[32] (Abb. 134) gibt uns ein Beispiel aus dem 5. Jahrhundert. In mächtigen dynamischen Kurven erheben sich die symmetrisch um den Mittelstengel gegliederten Ranken.

Wie schon das äußere Formsystem, ist auch die innere und symbolische Logik im wesentlichen die gleiche wie auf der Ara Pacis. Über dem floralen Bild steht im Gipfel des Apsisbogens die Darstellung des Himmels mit dem Christus-Lamm zwischen vier Apostel-Tauben. Von diesem oberen Bereich hängen sechs große, mit kostbaren Steinen verzierte, heute allerdings kaum erkennbare Kreuze herab, die in den floralen Bereich reichen und die oberen Voluten der Ranken durchdringen. Diese Kreuze nehmen die gleiche Übergangsstellung zwischen dem oberen und dem unteren Bereich ein, die auf der Ara Pacis von den Schwänen eingenommen wird. Im lateranischen Mosaik ist es der Christus, der die jubilierende Blüte des Universums hervorruft, auf der Ara Pacis war es der Friedensherrscher.

Im hohen Mittelalter wiederholt das unendlich reiche Apsismosaik von San Clemente[34] (Abb. 136) unser florales Bild. Die innere Spannung, der dynamische Schwung verschwinden allmählich; das vegetabilische Leben hat seine ursprüngliche Spontanität verloren und wird in eine strengere und eintönigere Ordnung eingebunden. Andererseits ist das Bild mit einer Vielfalt einzelner Motive angereichert. Die Verschlingungen verdoppeln sich und sie öffnen sich nicht nur zu Fantasieblumen, sondern auch zu früchtetragenden Schalen; zwischen den Voluten sind reale, ideale und mythische Gestalten, Heilige und Kaiser, Tiere, Pflanzen, Symbole sowie Szenen aus dem ländlichen Leben zu sehen. Es scheint, als wolle man die gesamte menschliche Welt, Natur und Geschichte zwischen den dynamischen Voluten der Zweige einschließen, die sich kosmosartig ausbreiten und ein Bild des Universums werden – ein Universum, das sich dank der Kraft Christi fortentwickelt und blüht. Diese Kraft geht jedoch in unserem Mosaik nicht von der himmlischen Welt des oberen Bereichs aus und senkt sich nicht in das vegetabilische Leben eines unteren Bereichs herab, sondern sie entwächst dem Kreuz Christi in der Mitte des Rankenwaldes. Aus dem großen Akanthusstrauch wächst nicht mehr der Stengel der Ara Pacis, sondern der Balken des Kreuzes mit dem Gekreuzigten. Die Madonna und Johannes stehen um das Kreuz, weißlich schimmern die zwölf Apostel-Tauben auf dem Holz, und aus den Seitenarmen des Kreuzes kommen vier große weiße Lilien hervor. Unter dem Akanthusstrauch fließen die vier paradiesischen Flüsse, die den symbolischen Hirschen als Tränke dienen. Eine Schlange, die sich zwischen den Blättern des Strauches windet, läßt uns an die Schlange unter dem Strauch bei der Ara Pacis denken. Doch steht im Mosaik auf der Seite der Schlange ein winziger symbolischer Hirsch, neben dem sich auch die Schlange in ein Symbol verwandelt und zwar in das der Erbsünde. Auf diese Weise werden zwei grundsätzliche Begebenheiten aus der Heilsgeschichte des Menschen einander entgegengesetzt: der Sündenfall des ersten Menschenpaares und die Erlösung des Menschengeschlechts durch das Werk des Gekreuzigten.

Anmerkungen

[1] E. Petersen, *Die Ara Pacis Augustae*, Wien 1902, S. 35, 161 ff.; A. Pasqui, *Per lo studio dell'Ara Pacis*, „Studi Romani", 1, 1913, S. 293 ff.; P. Ducati, *L'Arte in Roma dalle origini al secolo VIII*, Bologna 1939, S. 117; G. Moretti, *Ara Pacis Augustae*, Rom 1948; G. Rodenwaldt, *Die Kunst um Augustus*, „Die Antike", 13, 1937, S. 170; Th. Kraus, *Die Ranken der Ara Pacis*, Berlin 1953, S. 18 ff., 26; H. Kähler, *Die Ara Pacis und die Augusteische Friedensidee*, „Jahrbuch des Deutschen Archäologischen Instituts", 69, 1954, S. 67 ff.

[2] Schon allein aufgrund der Ausbreitung der floralen Dekoration ist es sehr unwahrscheinlich, daß diese nur als Ausschmückung oder Verzierung verstanden wurde. Als unwahrscheinlich erscheint es mir ebenfalls, daß dieses dominante Element auf der Ara Pacis lediglich Teppiche darstellen soll, die am Gründungstag auf die eine oder andere Weise benutzt wurden (Pasqui, op. cit., S. 301; Ducati, loc. cit.,; J. M. C. Toynbee, *The Ara Pacis reconsidered*, „Proceedings of the British Academy", 39, 1953, S. 57). Wie Kraus sehr richtig zu bedenken gibt, fällt es schwer, sich vorzustellen, daß am Ursprung unserer Reliefs ein Stoff stehen soll und daß dies, wie J. M. C. Toynbee meint, „the freezing into marble of a ceremonial carpet, laid outside the temporary enclosure, over which the procession passed" sein könnte. Ebenso unwahrscheinlich scheint mir, daß diese eindrucksvollen Reliefs die reale, im Umkreis der Ara Pacis existierende Vegetation darstellen sollten, zum Beispiel Ranken, die an der Bretterwand Wurzeln geschlagen hatten, oder eine Hecke, die das Heiligtum umgab, oder andere Pflanzen, die wild auf dem Marsfeld wuchsen, „das Leben des Feldes draußen"; (H. Kähler, op. cit., S. 35, 161 ff.). Ein reales Schößlingsgewirr oder eine reale Hecke wären sehr viel naturgetreuer und nicht wie auf der Ara Pacis unter Rekurs auf Motive irrealer Pflanzen abgebildet worden. Moretti hat den floralen Bereich mit solchen Formengebilden von Ranken und Blumen verglichen, die mit Amoretten, Genien und Putten bevölkert sind, sowie mit Darstellungen der blütenübersäten Elysischen Felder, wo Hermes Psychopompos und spielende Kinder zwischen den Blumen zu sehen sind. Auf der Basis dieser Gegenüberstellungen hat Moretti unserem floralen Bereich eine tiefere Bedeutung gegeben, indem er ihn als eine heroisierende Darstellung, als „una selva meravigliosa di *arbores felices*" versteht (Moretti, op. cit., S. 275). Doch in dem Fries der Ara Pacis gibt es die Personen und Gottheiten nicht, auf die Moretti anspielt: stattdessen sieht man Reptilien, Insekten, Vögel etc., die der Wirklichkeit entnommen sind.

[3] Auf den Raum der vier Felder der kurzen Seiten konnte nur der Mittelteil des floralen Bildes der langen Seitenreliefs hineinpassen; Veränderungen und leichte Verkürzungen wurden nötig, was zur Vereinfachung und Zerstörung einiger Besonderheiten geführt hat.

[4] M. Meurer, *Das griechische Akanthusornament*, „Jahrbuch des Deutschen Archäologischen Instituts", II, 1896, S. 117 ff., Petersen, op. cit., S. 162 ff.; Moretti, op. cit., S. 273 ff.; Kraus, op. cit., passim.

[5] Kraus, op. cit., S. 14 ff.

[6] I, 10, 45 ff.

[7] Horaz, Carmen saeculare, 57 ff.

[8] Ovid, Fasti, I, 698.

[9] Ovid, Fasti, IV, 407 ff.

[10] E. Welin, *Die beiden Festtage der Ara Pacis Augustae*, Dragma Martino Nilsson, Lund 1939, S. 50 ff.

[11] Petersen, op. cit., S. 4, 50 ff., 141.

[12] A. Dieterich, *Mutter Erde*, Berlin 1905, S. 80 f.; C. Koch, Pauly-Wissowa, RE, 18, 4, col. 2432, cf. Stichwort *Pax*.

[13] Äneis, VI, 791 ff.

[14] Nach Moretti, op. cit., S. 315, Abb. 202. Auf den Münzen wird der Friede generell durch zwei gekreuzte Füllhörner, durch Ähren und Samenkapseln und durch den Merkurstab symbolisiert. Hanell, *Das Opfer des Augustus an der Ara Pacis*, „Opuscula Romana", 2, 1960, S. 106 ff.

[15] W. Amelung, *Die Skulpturen des vatikanischen Museums*, Berlin 1903–1908, *Sala dei Busti Nr. 274*. W. Helbig, *Führer*, Leipzig 1912, I, S. 143, Nr. 217; J. J. Bernoulli, *Römische Ikonographie*, Stuttgart 1882–86, II, I, S. 30, Nr. 15.

[16] Tibull, I, 10, 69.

[17] A. van Buren, *The Ara Pacis Augustae*, „Journal of Roman Studies", 1913, S. 134 ff.; Kähler, op. cit., S. 88 ff.; Toynbee, op. cit., S. 81. Van Buren und Kähler, denen ich in diesem Punkt folge, sehen Rom und Italien auf den Flachreliefs der östlichen Stirnseite *(Italia-Tellus)*. I. Scott-Ryberg neigt dazu,

diese Statue nicht als *Italia-Tellus*, sondern als *Tellus* des gesamten Imperiums zu interpretieren: auf diese Weise würde die östliche Stirnseite die Gruppierung von *Urbs* und *Orbis* bedeuten.

[18] I. Scott-Ryberg, *The Procession of the Ara Pacis*, „Memoirs of the American Academy in Rome", 19, 1949, S. 77 ff.; Idem, *Rites of the State Religion in Roman Arts*, ibid., 22, 1955; Hannel, op. cit., passim.

[19] Hannel, op. cit., S. 117.

[20] Die Schwäne wurden als die Lieblingsvögel und Lieblingssingvögel der Musen angesehen und als solche in Beziehung zu Apoll, dem himmlischen Musageten, gesetzt. J. Gossen, Pauly-Wissowa, RE, II A, 1. col. 788 ff., Stichwort *Schwan*.

[21] W. H. Roscher, Roschers Myth. Lex., I, 1. col. 448, Stichwort Apoll.

[22] Petersen, op. cit., S. 29.

[23] Cfr. Anm. 27.

[24] Horaz, *Carmen*, IV, 5.

[25] Petersen, op. cit.

[26] *Nazarii Paneg. Costantino Aug.*, 38, ed. E. Galletier, *Panégyriques Latins*, 2, S. 198.

[27] *Mamertini paneg, genthl. Max. Aug.*, 14 f., ed. op. cit., 1, S. 63 f.; L'Orange-von Gerkan, *Der spätantike Bildschmuck des Konstantinsbogens*, Berlin 1939, S. 158 ff.

[28] Frazer, *The Golden Bough*, passim.

[29] *Martini P. Nilsson Opuscula Selecta*, 3, Lund 1960, S. 326 ff.

[30] Il. 14, 346 ff.

[31] Lukrez, *De rerum natura*, I, 1, 7 f.

[32] J. Wilpert, *Mosaiken und Malereien der kirchlichen Bauten Roms*, Freiburg i. Br. 1916, Abb. 1–3.

[33] Eugenie Strong *(Scultura Romana*, Florenz 1923, S. 45) und Corrado Ricci *(Il sepolcro di Galla Placidia*, „Bolletino d'Arte", 8, 1914, S. 173) haben die Form der Ranken im lateranischen Mosaik und in den Reliefs der Ara Pacis miteinander verglichen.

[34] Wilpert, op. cit., Abb., 117–118.

Personen-, Orts- und Sachregister

Nicht aufgenommen sind wegen der Häufigkeit der Nennung die Begriffe Dominat und Prinzipat (in der Regel: Übergang vom Prinzipat zum Dominat) sowie Bezeichnungen von Strukturen in Kunst und Gesellschaft wie Reihung, Symmetrie u. ä.

Bildnachweis

Deutsches Archäologisches Institut, Rom: 5, 8, 11,
14, 15-21, 27, 30, 31, 34, 36, 39-41, 44, 45, 47-53, 55,
61-63, 65-88, 99, 100, 112, 117, 121, 122, 124, 125, 127,
129-131

Giacomo Pozzi Bellini: 2-4, 28, 29, 32, 33, 37, 38, 42,
43, 59, 60, 64, 101-111, 120, 123, 126

Scala, Florenz: 22-26

Alinari/Anderson, Florenz: 12, 13, 35, 124, 132, 136

British Museum, London: 133

Prof. Antonio Giuliano, Rom: 1, 6, 7, 9, 10, 54, 56,
57, 89-98, 119, 135